Kester Schlenz
**Mutti baut ab**

W0189198

mosaik

Kester Schlenz

# Mutti baut ab

Wenn Eltern alt werden

Verlagsgruppe Random House FSC® N001967

3. Auflage
Originalausgabe
Copyright © 2017 Wilhelm Goldmann, München,
in der Verlagsgruppe Random House GmbH,
Neumarkter Str. 28, 81673 München
Umschlag: *zeichenpool
Umschlagmotiv: shutterstock
Satz: Buch-Werkstatt GmbH, Bad Aibling
Druck und Bindung: Friedrich Pustet, Regensburg
Printed in Germany
Kö · Herstellung: sh
ISBN 978-3-442-39315-2

www.mosaik-verlag.de

# Inhaltsverzeichnis

# Mutti kriegt Besuch

WIE GEHT ES DIR, MUTTI?«
»Beschissen. Ich bin zuhause auf die Schnauze geflogen. So eine Scheiße.«

Meiner Mutter war es früher immer sehr wichtig, was die Leute über sie denken. Jetzt – mit einundachtzig Jahren – schien ihr das hier in diesem Zimmer des Krankenhauses »Schwesternstift« völlig egal zu sein. Sie fluchte wie ein Bierkutscher. Und sie trug auch ihre Perücke, genannt »Fiffi«, nicht. Die lugte keck aus einer Schublade neben ihrem Bett hervor.

Wir waren nicht allein. Neben ihr lag eine freundliche, still leidende Türkin. Und vor deren Bett stand ihr erwachsener Sohn und blickte angestrengt zur Tür.

Ich lächelte ihm zu.

»Tag, ich bin Achmed«, sagte er.

Ich stellte mich ebenfalls vor, während meine Mutter rief: »Das ist Machmoud. Der versteht Deutsch. Der verkauft Autos.«

»Ich bin Deutscher«, sagte Achmed leise.

»Und mit der Verdauung klappt das auch nicht«, ergänzte meine Mutter laut und vernehmlich. »Ich war schon drei Tage nicht.«

9

Ich sah sie mit mildem Lächeln an. Den Blumenstrauß immer noch in der Hand. So stand ich vor dem Bett von Traute Schlenz. Meiner Mutter. Die gerade wieder auf ihr Kissen zurücksank und mich mit großen Augen ansah. Es ging ihr nicht gut. Auch wenn die Sprüche immer noch die alten waren.

Dieser Tag war der vorläufige Tiefpunkt einer Negativspirale, die sich nun schon ein Jahr drehte und uns alle immer mehr verzweifeln ließ. Denn meine beiden Geschwister und ich mussten den Tatsachen ins Auge sehen. Es war nicht mehr zu leugnen: Mutti baute ab! Und wir mussten was tun.

## »Rauf komm ich ja! Runter ist das Problem!« Muttis sonderbare Dialektik

VOR EINEM JAHR sah die Sache noch ganz anders aus: Mutti hatte im Oktober ihren achtzigsten Geburtstag gefeiert. Im »Waldesruher Hof«. Sie hatte sich das gut abgehangene Hotel-Restaurant mit dem spröden Nachkriegscharme nicht ausreden lassen. »Nein«, sagte sie, als wir ihr schicke Läden mit moderner Küche vorschlugen. »Ich will keinen Seeteufel, Austernpilze oder so 'n Scheiß, sondern was Richtiges zu essen für meine Gäste. Braten, Klöße und so.«

Die bekam sie dann auch. Es war besser, sich nicht mit ihr anzulegen. Mutti konnte wie Joan Collins aus dem »Denver Clan« sein – eine »Klartext«-Figur, die sie über alle Maßen schätzte.

Die Feier fand mittags an einem Sonntag statt. Mutti, ihre drei Kinder plus Familie, ein paar Verwandte und Freunde. Traute Schlenz thronte in der Mitte der Tafel und hielt Hof. Ihr Rollator parkte in der Garderobe. Sie schien gut gelaunt.

»Der Rollator braucht Rallye-Streifen«, sagte mein Bruder Gerald. »So gut, wie Mutti wieder drauf ist.«

Meine Schwester Cornelia nickte. Sie war mit ihrem Mann Wolfgang aus Saarbrücken gekommen und wollte noch ein paar Tage mit meiner Mutter dranhängen. Ein kühnes Unterfangen, denn die beiden kriegten sich spätestens nach einem halben Tag immer mächtig in die Wolle. »Gefechtslage«, hatte mein Vater, ein ehemaliger Soldat, das genannt.

Zwei Jahre zuvor war Papa an Krebs gestorben. Er hatte ein halbes Jahr tapfer gekämpft und war nach nur einer Woche in einem Hospiz eingeschlafen. Die Treppe hoch in sein Zimmer dort war er selber und ohne Hilfe gegangen. Das war ihm wichtig. Ein letzter Rest Würde. Dann ließ er los.

Gerhard und Traute Schlenz waren eigentlich nur als Doppel denkbar. Sie machten nie was allein. Beide waren sich selbst genug, gingen auch nie aus. Ferngucken, Musik hören, lesen. Am schönsten fanden sie es zuhause. Ein symbiotisches Paar, das sich im Hamburger Stadtteil Allermöhe in einer kleinen Wohnung eine Art Nest gebaut hatte, von dem aus es die Welt kommentierte. Meist in deutlichen Worten. Beide hatten sich mit zunehmendem Alter eine Art »Dirty Talk« angewöhnt. Als Ausdruck größtmöglicher Coolness und Selbstbestimmung. Früher war das anders. Da hieß es nicht selten: Was sollen die Leute denken? Aber jetzt sollten die Leute erfahren, was meine Eltern dachten. Ein typischer Satz zur politischen Lage im Land fing meist so an: »Also Helmut Kohl, der Penner …«

»Mit uns nicht mehr!« sollte diese Ausdrucksweise sagen. »Uns schreibt keiner mehr vor, was wir zu denken oder zu sagen haben.« Oft war das lustig, manchmal auch anstrengend. Beide waren aber immer bestens informiert und wurden richtig sauer, wenn man etwa »Neues aus der Anstalt« oder »Extra Drei« nicht gesehen hatte. Sie liebten es, wenn jemand austeilte.

Ihre Wohnung lag im dritten Stock. Kein Fahrstuhl. Ich hatte ihnen damals dringend empfohlen, dort mit Mitte sechzig *nicht* hinzuziehen. Ich hätte es lassen sollen. Denn nun zogen sie sozusagen extra dorthin, weil sie sich zu alten Leuten abgestempelt fühlten. Ich habe damals gelernt, dass Ratschläge von Kindern an die alternden Eltern ebenso heikel sind wie die von Eltern an ihre pubertierenden Kinder. Man erreicht schnell das Gegenteil, wenn man zu penetrant wird oder gar schulmeisterlich auftritt. Auch wenn man recht hat! Denn natürlich erwiesen sich die vielen Treppen dann später als ein Riesenproblem. Was meine Mutter mit einer speziellen Art von Dialektik natürlich in Abrede stellte. Ihr Satz »Rauf komm ich ja. Runter ist das Problem« sollte sich später zu einer Art Mantra entwickeln. Unsere Söhne sagen noch heute gern beim Treppensteigen: »Rauf komm ich ja!« Beide finden ihre

Oma vor allem lustig, wegen ihrer drastischen Sprüche und ihrer nachgerade sophistisch-irrwitzigen Argumentationen.

# »Herzsport-Gruppe – wenn ich das schon höre!« Mutti ist bockig

NACH DER BEERDIGUNG meines Vaters hielt sich meine Mutter noch ziemlich gut. Sie trauerte, schien aber auch irgendwie erleichtert, dass mein Vater es nun hinter sich hatte. »Ich schaff das schon allein, macht euch keine Sorgen«, sagte sie. Und sie schaffte es.

Aber nicht lange. Ihre Anrufe häuften sich. Und sie klangen selten fröhlich.

»Ich habe Rückenschmerzen«, war der häufigste Satz.

Das kannten wir. Vor einigen Jahren hatte unsere Mutter eine Bypass-Operation hinter sich gebracht. Alles war gut gelaufen, und ihr Arzt hatte ihr geraten, nun langsam in einer Herzsport-Gruppe mit einem sehr dezenten Aufbautraining zu beginnen.

»Herzsport-Gruppe, wenn ich das schon höre«, fluchte sie. »Da muss ich dann irgendwie mit alten Leuten in einer Sporthalle rumhüpfen. Furchtbar!«

Es ist ein interessantes Phänomen, dass alte Leute sehr häufig andere alte Leute sehr verächtlich als »alte Leute« wahrnehmen, obwohl sie selber alte Leute sind. Bei meinen Eltern war das sehr ausgeprägt. Wenn mein Vater mit meiner Mutter vom Einkaufen kam, erzählte er oft, es habe an der Kasse wieder »so ein alter Sack« so lange gebraucht, oder es sei im Bus wieder so »eine alte Schabracke« so langsam vor ihm her gewackelt. Da war er selber fast achtzig.

Nun ja, auf jeden Fall fand meine Mutter die Herzsport-Gruppe schon grässlich, bevor sie überhaupt das erste Mal da war. Und erst recht, *nachdem* sie das erste Mal da war.

»Die sehen alle aus, als ob sie gleich tot umfallen würden«, greinte sie. »Die torkeln da rum wie Zombies oder sitzen nur auf ihrem fetten Arsch. Und dauernd soll ich die Arme hochreißen oder hin und her schwenken!«

Ein paar Mal schleppte sie sich lustlos hin, bis ihr endlich – auf mehrfaches Drängeln – ein Arzt sagte, dass sie gern »erst einmal ein bisschen pausieren« könne, wenn ihr denn der Rücken so wehtäte.

Das »Erst-mal-Pausieren« wurde bei Mutti aber natürlich sofort zu einem massiven ärztlichen Verbot jedweder körperlicher Bewegung. Mutti hatte Rücken! Und der Arzt hatte dringende Schonung verordnet.

»Du musst dich bewegen, Mutti«, flehte ich immer wieder. »Sonst baust du ab.« Tatsächlich raten Mediziner auch sehr alten Menschen, sich so viel zu be-

16

wegen, wie es irgend geht. Der Abbau der Muskeln schreitet sonst rapide voran. Und auch in Altenheimen praktiziert man heute die so genannte »aktivierende Pflege«, die Menschen möglichst viel Autonomie und Selbstständigkeit zurückbringen soll.

»Mach was, Mutti«, flehte ich also. »Bewegung ist alles!«

»Aber ich kann doch nicht – der Rücken, du weißt doch«, antwortete sie. »Der Arzt sacht das doch auch, dass ich mich schonen soll.«

Mutti hatte einfach keine Lust.

Es war nichts zu machen. Der Rollator wurde ihr Best Friend. Ich hasste das Ding vom ersten Tag an. Es mag eine hilfreiche Erfindung für viele Senioren sein, aber es macht aus meiner Sicht eigentlich noch fitte Best Ager oft vorschnell alt. Irgendwann hatte unsere Mutter drei Rollatoren. Erst einen zusätzlichen im Keller, »falls mal was an dem anderen ist«, und dann kaufte sie sich noch einen dritten mit besserer Bereifung.

»Ich hoffe nur, dass sie nicht noch einen mit Sitzheizung erfinden«, meinte mein Bruder, »sonst ist das bald der vierte.«

Doch schließlich standen die Rollis nur noch irgendwo wie stumme Denkmäler einstiger Mobilität in einer Ecke. Denn Mutti lag nur noch auf dem Sofa und klagte weiter über Rückenschmerzen. Wir Kinder nahmen das erst einmal nicht so ernst und dachten eher, dass sie psychische Probleme hätte. Hatte sie vielleicht erst jetzt richtig kapiert, dass sie nun allein war zuhause? War sie depressiv? Wir kauften für sie ein, wuschen die Wäsche, versuchten sie aufzumuntern. Aber es wurde nicht besser.

Irgendwann stand sie dann gar nicht mehr auf. So ging es nicht weiter. Unsere Mutter kam ins nächste Krankenhaus, und dort wurde tatsächlich ein Bandscheibenvorfall diagnostiziert. Wir hatten ihr unrecht getan. Sie hatte allen Grund zum Jammern gehabt. Zum Glück musste sie nicht operiert werden. Sie bekam Schmerzmittel, wurde wieder aufgepäppelt und kam dann nach Hause. Dort legte sie sich erst mal erschöpft aufs Sofa, nachdem wir sie mühsam irgendwie die vielen Treppen hochgekriegt hatten. »Rauf komm ich ja!« hörten wir nun nicht mehr von ihr.

# »Weg mit dem Scheiß!«
# Mutti zieht um

DER FAMILIENRAT TAGTE. Meine Geschwister und ich trafen uns zum Essen um zu beratschlagen, wie es nun mit unserer Mutter weitergehen sollte. Zu einem von uns zu ziehen war eine Option weder für unsere Mutter noch für eines ihrer Kinder. Jede Seite wusste: Man würde sich nach etwa einer Woche gegenseitig an die Gurgel gehen. Doch ebenso klar war: Mutti musste aus ihrer Wohnung raus. Sie brauchte etwas Altersgemäßes. Und vor allem etwas mit Fahrstuhl oder im Erdgeschoss. Wir beschlossen, entsprechende Wohnungen zu suchen und ihr dann verschiedene Möglichkeiten zu präsentieren.

In einer Seniorenwohnanlage in Hamburg-Bergedorf wurden wir schließlich fündig. Die kleine Zwei-Zimmer-Wohnung im Erdgeschoss mit Balkon fand auch sofort Muttis Zustimmung. Auf einmal konnte sie gar nicht schnell genug umziehen (»Diese Scheißtreppen. Ich will hier weg.«). Am besten gefiel ihr, dass sich in ihrem neuen Heim auch ein Fahrstuhl befand. Den brauchte sie eigentlich nicht, weil sie nur noch eine winzige Treppe hoch in ihre Wohnung zu bewältigen hatte. Aber der Höhenunterschied von nicht mal zwei Metern wurde später eisenhart und konsequent mit dem Fahrstuhl gemeistert. Besser, man übernimmt sich nicht.

Für Muttis Umzug reiste meine Schwester Cornelia mit ihrem Mann Wolfgang wieder aus Saarbrücken an. Auch meine Frau Gesa, unsere Söhne Henri und Hannes und dessen Kumpel Juls halfen. Als sie den fremden jungen Mann sah, fragte Mutti munter: »Und wer bist du?«

»Ich bin Juls«, antwortete der.

»Julia?« fragte Mutti.

»Nein, Juls!«

»Was ist denn das für ein bescheuerter Name?« brummte Mutti.

Willkommen in der Wohnung von Traute Schlenz, dachte ich.

Beim Umzug gab es eine Menge zu tun. Es war irrwitzig, was sich alles bei Mutti angesammelt hatte. Das Entrümpeln war ein tagelanger Prozess des Sortierens, Sich-Wunderns und Überredens. Mutti konnte sich anfangs schwer trennen. Von allem, was sie hatte. Und sie hatte von allem viel. Meine Frau und ich haben zu Hause eine Nagelschere. Bei Mutti fanden wir sechs – plus ein komplettes Nagelset und eine elektrische Nagelfeile. Wir stießen auf Reinigungsmittel in solchen Mengen, dass wir kurzzeitig einen Einbruch von Mutti in einem Drogeriemarkt befürchteten. Traute besaß zudem zwanzig Tischdecken, rund fünfzig Handtücher, Bettzeug für eine komplette Jugendherberge und acht Kämme.

Cornelias Mann Wolfgang entwickelte eine besonders ausgefeilte Technik, um Diskussionen mit Mutti zu vermeiden. Er füllte ganze Schrankfächer und Schubladen komplett in jeweilige Kisten und stellte diese in der neuen Wohnung detailgenau mit allem Chaos wieder her. Nur Altbatterien sortiert er aus. Wir fanden viele. Mutti war batteriesüchtig. Es könnte ja sein, dass eine ihrer Taschenlampen oder eine der drei Leselupen neue Energie brauchte.

Eine riesige Kiste fürs Bad packte ich zusammen mit Cornelia aus. Mutti besaß alles, was Drogeriemärkte anboten. Und das in großen Mengen. Cornelia analysierte die Lage und beschloss dann, etliche Produkte nach einem Körper-Problemzonen-System in die Fächer der Schränke einzusortieren. Wir amüsierten uns köstlich, als aus den Tiefen der Kiste schließlich die fünfte Tube Schrundensalbe für die Füße auftauchte. Mit feierlicher Stimme sagte Cornelia: »Bruder, ich glaube wir können diese Schrundensalbe getrost zum Hornhaut-Hobel und dem Bimsstein stellen, oder was meinst du?«

Irgendwann aber sah Mutti ein, dass die neue Wohnung nun einmal kleiner war und schaltete auf Aufbruchsstimmung. »Weg mit dem Scheiß«, hieß es nun dauernd. Stühle, Tische, Kleidung und Schränke kamen in soziale Einrichtungen oder zum Sperrmüll.

Während des Umzuges kommandierte sie uns – ganz Soldatenfrau – ordentlich herum. Sie hatte genaue Vorstellungen, wo was hin sollte. Wir schleppten, Mutti riss Kisten auf, rief »Der Mist kommt in die Küche«, oder »Die Scheißbücher hätte ich mal auch wegschmeißen sollen«, und forderte uns auf, ordentlich Bier zu trinken. Das sei »Tradition bei Umzügen«.

Irritiert war sie nur, dass in ihrer neuen Wohnung immer eine Alarmglocke losging, wenn man die Tür zur Terrasse und die Haustür zur gleichen Zeit öffnete. Ihre Vormieterin wollte so offenbar vermeiden, beim Verlassen des Hauses das Schließen der Terrassentür zu vergessen. Der Warnton war ohrenbetäubend. Aber Mutti wollte dennoch nicht, dass wir ihn deaktivierten (»Falls ich mal vergesse, die Terrassentür zu schließen«). Für Sicherheit im Haushalt war sie immer zu haben. Was Wunder, dass ich beim Auspacken einer Kiste plötzlich eine Pistole in der Hand hatte. »Das ist meine Gasknarre«, sagte Mutti trocken und strich zärtlich über den Lauf. »Die hat Papa angeschafft. Wegen der ganzen Bagalutten in der Gegend.« Ich konnte ihr die Wumme nicht ausreden. Sie lag stets auf ihrem Nachttisch. »Das sieht immer aus wie bei so einem Auftragskiller in einem Krimi«, sagte Hannes grinsend. Henri und er stellten sich immer vor, wie ein Einbrecher in die Wohnung ihrer Oma eindringt und die dann wie Jackie Chan aus dem Bett hüpft, die Knarre hochreißt und brüllt: »Keine Bewegung, du Penner, oder ich blas dir die Rübe weg.« Wahrscheinlich hätte sie es noch drastischer formuliert.

Hannes Kumpel Juls war beeindruckt von Muttis Raubeinigkeit, besonders, als sie ihn einmal verschwörerisch zu sich winkte und flüsterte: »Julia, willst du noch mal meine Knarre sehen?«


Mutti gewöhnte sich nach dem Unzug sehr schnell an ihre neue Umgebung. Natürlich klagte sie erst, dass in der Anlage »ja nur alte Leute wohnen«. Aber kontaktfreudig wie sie war, fand sie schnell Freunde. Sie traf sich häufiger mit anderen Menschen als in den letzten zehn Jahren mit unserem Vater, als beide sich noch selbst genug waren.

Mutti blühte regelrecht auf und feierte Silvester vor zwei Jahren sogar mit ihrer Freundin »Inge von oben«. Gerald dachte erst, die Dame sei adlig, aber Inge wohnte lediglich ein Stockwerk höher. Die Feier sah so aus, dass die beiden eine Flasche Sekt köpften, fern sahen und gemeinsam feststellten, dass dort ja nur »Irre, Asis, Besoffene und Beknackte« beim Feiern zu sehen waren. Meine Mutter musste ihre fundierte Medienkritik zudem brüllen, weil Inge schlecht hörte. Aber beim Neujahrsanruf betonte sie, dass sie selten ein so nettes Sylvester erlebt habe.

Täglicher Höhepunkt unter der Woche war für unsere Mutter das Einkaufen. Sie zuckelte morgens mit ihrem Rollator die Straße hoch zu einem Einkaufszentrum und hatte dort schnell feste Stationen. Ein Blumenhändler, mit dem sie über Klassik fachsimpelte, ein Bäcker mit einer »Dicken hinterm Tresen, die aber ganz nett ist«, und ein Edeka-Laden, in dem sie die meiste Zeit verbrachte. Mutti hatte immer schon gern eingekauft – auch gern zu viel. Das hatte sie beibehalten. Sie fror auch gern ein, obwohl das eigentlich angesichts ihrer täglichen Einkäufe nicht sehr sinnvoll war. Man könne »ja nie wissen«. Womöglich gäbe es Krieg.

Meine Geschwister und ich waren erleichtert. Konnte das wirklich wahr sein? Unsere Mutter kam als Witwe gut zurecht und schien auch gesundheitlich einigermaßen stabil zu sein. Sicher, sie war sehr langsam und sah wegen einer Makula-Degeneration immer schlechter. Aber sie kam klar.

Es sollte nicht so bleiben.

# Es geht bergab

DER ERNEUTE ABBAU KAM nach etwa fünf Monaten. Plötzlich konnte Mutti jede Woche irgendetwas nicht mehr so gut oder gar nicht mehr. Das Aufstehen wurde mühsamer. Das Gehen fiel ihr schwerer. Und »Inge von oben« wohnte für weitere Treffen zu weit oben. Sie blieb jetzt wieder häufiger allein. Ihre Anrufe nahmen zu. Und sie waren von Klagen durchzogen. »Das Licht ist immer so grell.« »Ich habe keinen Appetit.« »Ich mag nicht mehr auf die Straße.«

Wir trösteten, forderten, appellierten und wussten nicht so recht, mit der neuen Situation umzugehen. Wollte Mutti nur Aufmerksamkeit, oder baute sie nun wirklich endgültig ab?

Ihr einundachtzigster Geburtstag war dann der endgültige Wendepunkt. Unsere Mutter wollte keine Feier und keinen Besuch. Nur Gerald und ich sollten bitte vorbeikommen und Kaffee und Kuchen mitbringen. Sie sei nicht mehr in der Lage, das selber zu organisieren.

Als wir beide klingelten, dauerte es ewig, bis sie aufmachte. Traute bewegte sich sehr langsam und sah blass aus. »Meine Jungs«, sagte sie und schleppte sich zum Sofa. Dort blieb sie sitzen und starrte in den Raum.

Gerald und ich deckten den Tisch, und Mutti kämpfte sich schließlich mühsam hoch und setzte sich schließlich zu uns. Wir sahen uns an. Das wirkte alles ziemlich bedrückend. Wir tranken Kaffee, aßen Kuchen. Wie immer lief das Radio bei ihr. Ein Klassiksender. Sie hörte nur Klassik. Es blitzte kurz die alte Traute Schlenz wieder auf. Rumfluchen ging noch. »Das da im Radio ist Montserrat Caballé«, sagte sie. »Die mag ich nicht. Die ist so fett.«

Und dann beschwerte sie sich, dass ein Nachbar von oben, der Idiot, sie nicht mit seinem Wagen mit zum Einkaufen genommen hätte. Ob sie ihn denn darum gebeten hätte, fragten wir. »Nee«, war die Antwort, »aber der Sack hätte ja mal fragen können.« Ein lupenreiner Traute-Schlenz-Spruch.

# Wie Mutti mal skalpiert wurde

NACH DEM KAFFEE LEGTE sie sich wieder aufs Sofa. Ihre Perücke war etwas verrutscht, was ihr ein leicht bizarres Aussehen verlieh. Sie trug künstliche Haare seit den siebziger Jahren, als das schwer in Mode war, und ließ seitdem nicht mehr davon ab. Nur zum Schlafen nahm sie die Dinger ab. Jedes Jahr gab es eine neue. Ich werde ein Erlebnis mit einer ihrer Perücken nie vergessen. Es war 1973 in Schleswig. Meine Mutter und ich waren einkaufen. Es regnete, und wir hasteten den Bürgersteig entlang. Ein Mann mit einem Regenschirm kam uns entgegen. Es war eng auf dem Bürgersteig. Wir eilten dicht aneinander vorbei. Der Mann hielt den Schirm sehr niedrig. In diesem Moment geschah es: Eine seiner Schirmstangen stand etwas hervor. Wie eine kleine Lanze, die sich plötzlich im Haar meiner Mutter verfing. Mit einem Ruck riss der Mann ihr die Perücke vom Kopf, die dann an dem Schirm baumelte wie der Skalp eines bedauernswerten Indianers. Der Mann sah es und schrie auf. Meine Mutter reagierte blitzschnell. Ihr Arm schoss Spiderman-artig hervor, und im Bruchteil einer Sekunde hatte sie sich ihr Haupthaar zurückerobert, stülpte sich die Perücke wieder über, ruckelte sie noch einmal zurecht und eilte weiter, ohne zurückzublicken. Ich lief mit und drehte mich noch einmal um. Der Mann mit dem Regenschirm stand immer noch da wie vom Donner gerührt.

# Und nun? Ratlose Kinder

NACH DEM GEBURTSTAGSKAFFEE saßen mein Bruder und ich zusammen in meinem Auto und fragten uns: Wie lange geht das wohl noch gut mit Mutti? Wir spürten beide diese Mischung aus Mitleid und Hilflosigkeit, die uns noch so oft in den nächsten Monaten heimsuchen sollte. Wie lange konnte sie noch allein leben? Wie viel Hilfe brauchte sie schon jetzt? Wir telefonierten mit unserer Schwester und schilderten ihr die Lage.

Cornelia erwies sich als Pragmatikerin. »Ich denke, sie muss über kurz oder lang umziehen in irgendeine Art des betreuten Wohnens«, sagte sie. »Ich mach mich mal schlau, was es in der Nähe so gibt, und melde mich.«

Zum Glück hatte meine Schwester – sie ist Juristin – schon Jahre zuvor mit unseren Eltern wichtige Vorkehrungen getroffen, die uns und unserer Mutter später vieles leichter machen sollten. Beide Eltern hatten eine Patientenverfügung und eine Gesundheits- und Vorsorgevollmacht unterschrieben und uns Kinder als Bevollmächtigte eingesetzt. Viele Menschen machen sich gar nicht klar, wie wichtig das ist. Jeder, wirklich jeder Erwachsene sollte spätestens in seinen mittleren Jahren diese Dinge in seinem Sinne regeln. Die entsprechenden Formulare kann man sich problemlos aus dem Internet herunterladen. Und wer ganz auf Nummer sicher gehen will, verfasst die Erklärungen mit Hilfe eines Notars und unterschreibt dort. Man sollte grundsätzlich festlegen, welche medizinischen Maßnahmen im Falle schwerer Erkrankungen man überhaupt möchte oder eben nicht möchte, wenn man sich selbst nicht mehr äußern kann. Und man sollte ebenso klar festlegen, wer in allen anderen Lebensbereichen (Banken, Krankenkasse, Vermieter, Pflegeheim etc.) das Sagen hat und einen vertritt, wenn man nicht mehr Herr seiner Sinne oder zu schwach ist, um seine Dinge selber zu regeln. Wer das nicht tut, läuft Gefahr, dass nicht die eigene Familie, sondern fremde Menschen über sein Schicksal und seine Vermögenswerte entscheiden.

Es war also in unserem Fall gut, die entsprechenden Dokumente zu haben, falls es mit meiner Mutter rapide bergab gehen sollte. Aber so weit war es ja noch lange nicht. Dennoch verschlechterte sich ihr Zustand. Ihre Anrufe häuften sich, sie klagte, dass es ihr nicht gut ginge. »Ich kann nicht mehr gucken«, sagte sie. »Ich komm nicht mehr richtig vom Sofa hoch«, oder: »Ich mag nicht mehr einkaufen gehen.« Oft tat sie uns leid, aber manchmal waren wir auch genervt. Vor allem, weil wir nicht recht wussten, was wir machen sollten. Denn die ersten dezenten Hinweise, ob sie nicht über ein betreutes Wohnen nachdenken wolle, wurden mit Vehemenz zurückgewiesen: »Hört mir doch auf mit dem Scheiß. Ich will nicht ins Heim.«

Wir Kinder und unsere Eltern hatten uns in den letzten Jahren nie viel gegenseitig besucht. Man telefonierte ab und zu, ansonsten lebten alle ihr Leben. Und alle fanden es okay so. Jetzt fuhren wir häufiger abwechselnd zu unserer Mutter, kauften für sie ein und machten Klarschiff bei ihr zuhause. Ganz einfach, weil es sein musste. Es fühlte sich irgendwie eigenartig an, uns so intensiv um Mutti zu kümmern. Um eine Frau, die immer großen Wert auf ihre Unabhängigkeit gelegt hatte und bei Besuchen unsererseits früher gern mal sagte: »Und nun haut ab. Ich will meine Ruhe.« Aber Mutti wurde immer schwächer. Austeilen konnte sie aber nach wie vor. Einmal traf ich sie zuhause an, als sie direkt vor ihrem großen Flachbildfernseher auf einem Stuhl saß. »Ich kann ja sonst nichts sehen«, erklärte sie. Sie betrachtete das Programm und brummte dann: »Der Jauch ist ein Arschloch, finde ich.«

»Aber Mutti«, sagte ich. »Das ist doch Kai Pflaume.«

»Der auch«, antwortete sie.

# Gesäßviolinen und Würfelhusten

ICH SAGTE JA SCHON, dass unsere Eltern nicht immer diesen Hang zur drastischen Ausdrucksweise hatten. Aber seit etwa zwanzig Jahren war es ihre größte Freude, »Tacheles« zu reden. Als unsere Jungs noch klein und mitten im Spracherwerb waren, baten wir diesbezüglich um Mäßigung. Was meinen Vater zu rhetorischen Volten anstachelte. Er saß dann etwa mit Henri oder Hannes auf dem Sofa bei uns und sagte: »Weißt du, mein Junge, dein Papa sagt, dass Oma und ich etwas vornehmer sprechen sollen. Deshalb sagen wir jetzt nicht mehr Arschgeige, sondern Gesäßvioline, ja?« Ich sah tadelnd rüber zu ihm, musste aber trotzdem lachen. Was Gerhard Schlenz animierte weiterzumachen. »Und«, fuhr er fort, »wir sagen auch nicht mehr ›jemand kotzt‹, sondern er hat Würfelhusten, okay?« Die Jungs nickten grinsend.

Er war schon eine Nummer, mein Vater.

Einige der Sprüche und speziellen Ausdrücke meiner Eltern sind heute Klassiker bei uns in der Familie. Zum Beispiel klingt das Wort Perücke bei meiner Mutter immer wie »Porücke«. Ich finde »Porücke« auch viel besser. Es hat so was Sinnliches. Meine Frau hat übrigens auch einen schönen Beitrag zum »Familiensprech« geleistet. Sie erzählte uns mal, dass sie noch als Jugendliche dachte, es würde nicht »rülpsen«, sondern »röbsen« heißen. Das stieß auf große Begeisterung bei den Jungs, die jetzt immer »Sorry, musste röbsen« sagen, wenn sie nach einem Glas Cola eruptiv in den Raum bellen. Hannes und seine mittlerweile erwachsenen Kumpels benutzen heute zudem regelmäßig einen Ausdruck aus meiner frühen Kindheit. Wie alle Eltern waren auch meine mit der Frage konfrontiert, welche Ausdrücke sie für das Wasserlassen und den Stuhlgang im Gespräch mit ihren Kindern benutzten. Fürs »Groß-Machen« wählten meine Eltern die bizarre Wendung »Ich muss Dutti«. Ich habe das mal unseren Kindern erzählt, und Hannes war so begeistert über diesen Ausdruck, dass er ihn fortan dauernd benutzte. Er fand dann auch Eingang in den Wortschatz seiner Jungs-Clique. »Ich muss Dutti« ist dort heute ein ganz normaler Aussagesatz, der eine vorübergehende Abwesenheit erklärt.

Es gab sogar Zeiten, da versuchten meine Eltern, sich besonders gewählt auszudrücken. Mein Vater malte sehr schöne Aquarelle, und ab und zu gab es mal eine Ausstellung bei ihm in der Kaserne, in einer Arztpraxis oder im Gemeindehaus. Meine Mutter schrieb immer die Preislisten, die dann dort auslagen. Eines der Bilder meines Vaters hieß »Am Mühlenteich«, und so stand es auch auf dem Bild neben der Signatur. Mutti aber – sie wollte Umgangssprache und eine allzu lockere Ausdrucksweise unbedingt vermeiden – schrieb auf die Preisliste sehr vornehm »Am Mühlenteig«.

# Mutti und der Notrufknopf

DIE ANRUFE MEINER MUTTER bei Gerald und mir wurden nicht seltener. Mein Bruder, der technisch Begabteste von uns dreien, wurde besonders wegen eines Themas malträtiert: Muttis Telefon. Dauernd rief sie bei ihm an, um ihm zu sagen, dass das Telefon nicht funktionieren würde. Es ist nicht ganz einfach, mit jemandem zu telefonieren, der behauptet, sein Telefon ginge nicht, obwohl er gerade am Telefon ist. Wies man sie dezent darauf hin, antwortete sie: »Ja, jetzt geht es, aber sonst nicht. Und die Pisser von der Telekom kommen ja nicht.«

Gerald kümmerte sich um dieses Problem mit bemerkenswerter Geduld. Er lud Akkus auf, programmierte ein Seniorenhandy, fragte bei der Telekom nach, ob wirklich alles in Ordnung sei. Einmal gab es dann für eine kurze Zeit tatsächlich eine Störung im Netz. Für Mutti der ultimative Beweis, dass sie immer recht gehabt hätte. »Scheiß Telekom! Alles Penner!«

Bei mir ging es dagegen meist um medizinische Belange. »Ich weiß nicht, wo meine Tabletten sind«, war zum Beispiel ein klassischer Eröffnungssatz von Mutti am Telefon.

Meine Schwester telefonierte meist sonntags mit ihr. Und bei ihnen ging es meist schnell ums Grundsätzliche. »Cornelia ist immer so streng zu mir«, klagte meine Mutter dann oft. »Sie sagt, ich kann nicht mehr allein wohnen.«

»Das ist nicht streng, sondern pragmatisch, Mutti«, antwortete ich dann. »Und deine Tabletten sind übrigens im Hängeschrank an der Garderobe. Und außerdem musst du dringend zum Arzt. Hast du dir endlich einen Termin geholt? Ich fahr dich auch hin.«

»Ja, ich ruf da an«, antwortete sie. »Nun drängele nicht so.«

Ansonsten erzählte sie mir gern, was sie gerade gegessen hatte oder gern mal wieder essen würde, um unvermittelt über irgendjemanden zu schimpfen, den sie am Vorabend im Fernsehen gesehen hatte, um dann ebenso unvermittelt zu einer Opernaufführung zu kommen, die sie gerade im Radio gehört hatte. »Dieser junge Tenor da, dieser Jonas Kaufmann – das ist doch ein Weichei«, befand sie.

So ging es einige Wochen. Wir telefonierten mit Mutti und besuchten sie regelmäßig.

Aber dann wurde es wirklich ernst. Irgendwann rief mein Bruder an und sagte: »Die Nachbarin unserer Mutter hat gerade bei mir angerufen. Mutti ist gefallen und kommt nicht mehr hoch. Die Nachbarin hört sie rufen.«

Wir fuhren beide sofort hin. Mittlerweile hatten wir jeder einen Schlüssel für ihre Wohnung, schlossen auf und fanden sie vor dem Badezimmer. Dort lag sie und kam nicht mehr hoch. Wir brachten sie mit einiger Mühe zurück in ihr Bett und fragten, ob ihr irgendwas wehtäte. Aber sie hatte Glück gehabt und war nicht verletzt. »Ich weiß auch nicht«, sagte sie. »Es war, als ob mich jemand einfach nach hinten ziehen würde. Und – zack – lag ich.«

Meine Bruder und ich sahen uns an. Uns war beiden klar: So ging es nicht weiter. Es musste was passieren.

Mutti wollte aber unbedingt in ihrer Wohnung bleiben. Also organisierten wir beim Deutschen Roten Kreuz für sie eine Hausnotruf-Vorrichtung. Freundliche Menschen erschienen, brachten eine so genannte »Teilnehmerstation«, die direkt ans Telefon meiner Mutter angeschlossen wurde, sowie einen Funksender an einem Armband mit. Das sollte unsere Mutter fortan Tag und Nacht tragen. Und falls sie wieder fallen sollte, konnte sie einen großen, roten Knopf an eben diesem Armband drücken. Dann würde der Notdienst des Roten Kreuzes alarmiert werden, sich sofort bei meiner Mutter über einen Telefonlautsprecher melden und nachfragen, was passiert ist. Der Clou daran war, dass der Notdienst über einen Lautsprecher an der Teilnehmerstation gut in der gesamten Wohnung zu hören war und auch die Antworten meiner Mutter übertragen werden würden. Bliebe eine Reaktion meiner Mutter aus, käme in wenigen Minuten ein Krankenwagen. Schweren Herzens händigte Mutti den Leuten vom DRK auch einen ihrer Wohnungsschlüssel aus, ohne den das ganze Projekt natürlich keinen Sinn machen würde.

Nun waren wir alle gleich ein wenig beruhigter. Durch den DRK-Hausnotruf konnten wir einigermaßen sicher sein, dass unsere Mutter nicht mehr hilflos allein am Boden liegen würde. Jetzt konnte sie sofort per Knopfdruck Hilfe holen. Zumindest solange sie bei Bewusstsein blieb.

Ihr Allgemeinzustand verschlechterte sich nun immer mehr. Ich konnte anfangs schlecht damit umgehen. Manchmal fragte ich mich, ob Mutti vielleicht übertrieb? Wollte sie einfach nicht mehr allein sein? Ließ sie sich gehen? Das hört sich jetzt fast gemein an, aber diese Gedanken waren da, und sie zeigten sich als sonderbare Mischung aus Mitleid, Kümmerwillen und auch ein bisschen Aggressionen. Muttis rasanter Abbau überforderte mich und auch meine Geschwister. Das Alter und die gesundheitlichen Probleme, so dachten wir, würden sich schrittweise zeigen, und wir hätten somit Zeit, uns darauf einzustellen und alles Nötige vorzubereiten. Aber so war es eben nicht. Unsere Mutter schien in hohem Tempo körperlich und geistig zu verfallen. Wie aus dem Nichts kam dieser Abbau. Natürlich kannten wir alle die Geschichten von Demenzkranken, das Leid der Patienten und die Überforderung der Angehörigen. Was würde unserer Mutter und uns nun wohl blühen?

Jeden Tag wurde sie schwächer und zunehmend auch verwirrter, brach mitten im Satz das Reden ab oder phantasierte. Sie lag fast nur noch im Bett, schleppte sich noch irgendwie zur Toilette oder für kurze Zeit in die Küche, um irgendetwas zu essen.

Gerald organisierte einen Essensdienst für sie, der mittags eine warme Mahlzeit brachte. Ihr Kommentar: »Schmeckt wie Hund hinten.« Aber der kam nicht in der gewohnten verbalen Schussstärke, sondern eher wie ein gehauchtes Sprüchlein. Und immer öfter blieben nun auch ihre bissigen Kommentare aus. Fast schien es, als ob unsere Mutter sich zurückentwickelte, kindlicher wurde. In gewisser Weise machte sie das sogar ein wenig umgänglicher und sanfter, aber uns allen war die kampferprobte Krawall-Mutti dann doch lieber. Mutti konnte sich kaum zur Tür schleppen, um dem Essenslieferanten aufzumachen. Ihren Schlüssel wollte sie ihm aber auf keinen Fall geben.

Irgendwann kam leider auch der rote Notfallknopf zum Einsatz. Mutti war wieder gefallen. Wir erfuhren erst am nächsten Tag davon. Das DRK war nach zehn Minuten gekommen und hatte sie im Flur auf dem Rücken liegend angetroffen. Die Sanitäter hatten ihr hochgeholfen, sie ins Bett gebracht und ihr das Versprechen abgenommen, einen Arzt aufzusuchen. Denn ins Krankenhaus wollte Mutti nicht. Trotz der Schmerzen, die sie nun nach ihrem Sturz im unteren Rücken verspürte.

Als ich sie zuhause besuchte, kämpfte sich Traute mühsam aus dem Bett. Es dauerte ewig. Ich half ihr hoch und zog ihr den Morgenmantel an. Sie hatte noch nichts gegessen, und ich wollte ihr ein kleines Frühstück bereiten. Mutti stand in der Küche, beide Hände am Rollator, in gebückter Haltung. Sie schaute in meine Richtung, schien mich aber nicht wirklich zu sehen. Dann murmelte sie: »Ich muss meine Brille noch holen«, drehte sich mit ihrem Rollator langsam um und wollte losgehen. Ich stand zum Glück dicht hinter ihr. Denn sie ging nicht los, sondern fiel plötzlich einfach, ohne einen Laut von sich zu geben, nach hinten, als ob sie eine unsichtbare Kraft gezogen hätte. Ich konnte ihren Fall stoppen und richtete Mutti wieder auf. Es war ganz leicht, sie schien nichts mehr zu wiegen. Es war, als ob ich eine Stoffpuppe abgestützt hatte. Und das Verstörendste war, dass sie es gar nicht gemerkt hatte. Sie ging einfach langsam weiter ins Schlafzimmer. Ich folgte ihr und brachte sie wieder ins Bett. Dort lag sie und sah mich mit großen Augen an. »Mir geht es beschissen«, sagte sie und schlief ein.

# Kant greift ein

GERALD UND ICH führten daraufhin mal wieder eines unserer Krisentelefonate. Dass wir beide wieder häufiger miteinander sprachen und uns nun regelmäßig trafen, war der einzige positive Aspekt von Muttis Abbau. Wir hatten uns in den letzten Jahren etwas aus den Augen verloren. Tatsächlich kann das gemeinsame Kümmern um die pflegebedürftigen Eltern Geschwister zusammenschweißen. Geteiltes Leid ist halbes Leid.

Wir analysierten also die Lage und beschlossen, umgehend Muttis Arzt zu kontaktieren. Wenn sie nicht zu ihm ging oder es nun auch gar nicht mehr konnte, musste eben der Arzt zu ihr kommen.

Das Problem war: Sie hatte gar keinen mehr.

Das erfuhren wir bei unserem nächsten Besuch. Mutti hatte zum Glück einen ihrer besseren Tage. Es stellte sich heraus, dass sie seit Monaten nicht mehr bei ihrer alten Ärztin gewesen war, weil ihr das zu weit weg war. Und Hausbesuche – das erfuhren wir am Telefon – machte die Dame nicht, weil unsere Mutter außerhalb ihres Einzugsgebietes wohnte.

Wir waren fassungslos. »Du warst so lange nicht mehr beim Arzt?«

»Ich will da sowieso nicht mehr hin«, antwortete Mutti auf dem Sofa liegend. »Die fette Sau vorn am Tresen ist immer so unfreundlich.«

»Aber Mama, du brauchst einen Arzt!«

»Es hat ja keiner Zeit. Ich hab ja alle angerufen. Überall Aufnahmestopp.«

»Und deine Tabletten?«

»Ich hatte Vorräte. Hab mir immer Großpackungen verschreiben lassen. Ich bin doch nicht bescheuert.«

Natürlich überprüften wir umgehend die Angabe unserer Mutter, dass sämtliche Ärzte in der direkten Umgebung keine neuen Patienten mehr nahmen. Und tatsächlich war es so. Zumindest fast. Mutti hätte lange auf ihren ersten Termin warten müssen.

»Chinesischer Verlegenheitsminister Watt Nu?«, sagte mein Bruder trocken, als wir auf der Nachhausefahrt waren.

»Ich sehe nur eine Möglichkeit«, antwortete ich. »Ich muss Kant anrufen.«

»Er wird dich hassen«, sagte mein Bruder. »Mutti ist keine einfache Patientin.«

»Er wird es tun«, sagte ich. »Um der alten Zeiten willen.«

Kant war ein alter Kumpel aus früheren Tagen, der dann Medizin studiert hatte und sich irgendwann als

Arzt in Bergedorf niedergelassen hatte. Er heißt gar nicht Kant, das ist sein Spitzname, weil er sich früher sehr für Philosophie interessiert hatte. Seine Praxis lag nicht direkt in der Umgebung, aber noch nahe genug, so dass ein Hausbesuch in Frage käme.

Ich rief also Kant an, und man stellte mich tatsächlich durch, obwohl ich – durcheinander wie ich war – sagte, ich müsse Dr. Kant sprechen. Die Arzthelferin kannte zum Glück seinen Spitznamen.

»Klar, ich erinnere mich an deine Mutter«, sagte Kant. »Immer für einen Spruch gut.«

»Und jetzt geht es ihr schlecht, und sie hat nach einem Umzug keinen Hausarzt mehr. Kannst du sie dir bitte ansehen. Ich glaub, sie muss ins Krankenhaus.«

»Klar«, sagte Kant. »Warte … ich kann Donnerstag um neun Uhr morgens kommen. Und sei bitte auch vor Ort.«

Guter, alter Kant. Ein Mann der Tat. Immer schon.

# Mutti kommt ins Krankenhaus

DER DONNERSTAG KAM. Meine Mutter grummelte, weil ich ihr sagte, sie solle besser noch nichts essen, weil Kant ihr vielleicht Blut abnehmen würde.

Dann klingelte es. Kant erschien. In Zivil mit einer »Hebammentasche«, wie meine Mutter später etwas kritisch anmerkte. Kant war freundlich-bestimmt wie immer und befragte und untersuchte meine Mutter. »Was fehlt Ihnen denn?«, fragte er zum Einstieg. »Ich fall immer auf die Schnauze, und mir tut der Rücken so weh«, antwortete meine Mutter wahrheitsgemäß. Tatsächlich nahm er ihr Blut ab, klopfte hier, tastete dort und bat mich anschließend ins Wohnzimmer.

»Kein guter Allgemeinzustand«, sagte er. »Kann alles Mögliche sein. Übermorgen habe ich die Werte. Am besten, du kommst dann in die Praxis, und wir besprechen alles.« Dann verschwand Kant, allerdings nicht ohne noch mal zu erwähnen, dass ich Platons Ideenlehre seiner Ansicht nach nie richtig verstanden hätte.

»Der besteht ja drauf, mit Herr Doktor angesprochen zu werden«, grummelte meine Mutter, die nun wieder erschöpft in ihrem Bett lag.

»Aber das hat er doch gar nicht gesagt«, insistierte ich. »Ich war doch die ganze Zeit dabei.«

»Na, aber er hat mich doch gesiezt«, antwortete sie. »Dabei hab ich ihn früher geduzt.« Traute Schlenz' verquere Logik.

»Aber das ist fast vierzig Jahre her«, antwortete ich. »Da war er sechzehn. Und seitdem hast du ihn nicht mehr gesehen.«

»Trotzdem«, sagte meine Mutter. Dann schlief sie ein.

Zwei Tage später saß ich in Kants Arztzimmer zur Besprechung der Werte.

»Ich finde da erst einmal nichts sehr Auffälliges«, sagte er. »Ein Entzündungswert gefällt mir nicht, aber das kann alles Mögliche bedeuten.«

Wenn ein Arzt sagt: »Das kann alles Mögliche bedeuten«, schrillen bei mir immer alle Alarmglocken. Ich habe, glaub ich, noch nicht erwähnt, dass ich Hypochonder bin. Was sich nicht sofort als total harmlos herausstellt, triggert meine dunkelsten Phantasien an. Alles, was Ärzte sagen, lege ich auf die Goldwaage, klopfe es in Windeseile auf eventuelle Widersprüche oder unterschwellige Gefahrenandeutungen ab. Und selbst wenn mir ein Arzt sagt, es sei alles bestens, denke ich zuhause, dass er dabei aber »so komisch geguckt hat«. Ich bin so hysterisch, dass ich nur noch ungern in die Sauna gehe, weil mir mal ein Kumpel gesagt hat, dass da bei mehr als neunzig Grad das Eiweiß im Gehirn flocken kann. Ich glaube, er wollte mich nur verarschen, aber der Gedanke setzte sich als fixe Idee in meinem Kopf fest. Jedes Mal, wenn ich danach in der Sauna saß, kriegte ich so komische Kopfschmerzen.

Ich schluckte also ängstlich bei den Worten »alles Mögliche«. Kant kannte mich und meine Neigung zur medizinischen Hysterie und fuhr fort: »Ich sagte ja, ich finde erst mal nichts sehr Auffälliges. Auch nicht am Rücken. Ich vermute, dass das eine Prellung ist. Das kann sehr schmerzhaft sein. Aber da sie so oft fällt, weise ich sie jetzt in ein Krankenhaus ein. Wir müssen das abklären. Ich mache gleich alle nötigen Papiere fertig.«

»Ich bin so froh, dass meine Mutter jetzt einen Hausarzt hat. Dich, oh ehrwürdiger Kant, Erfinder des kategorischen Imperativs«, sagte ich.

Er lächelte gequält. »Wir können gern noch ein wenig über Gesinnungs- und Verantwortungsethik sprechen«, antwortete er. Ich verließ fluchtartig die Praxis.

Zwei Tage später wurde Mutti mit einem Krankentransport ins Schwesternstift gebracht. Sie kam in ein Doppelzimmer. Ein freundlicher, aber immer etwas gehetzt wirkender Stationsarzt sagte, dass man die Patientin nun nach und nach gründlich durchchecken würde. Und das würde etwas dauern. Uns war das nur recht. Solange unsere Mutter im Krankenhaus war, konnte sie nicht fallen und musste keinen Notfallknopf drücken. »Lassen Sie sich ruhig Zeit, Herr Doktor«, flötete ich dann auch voller Verständnis für das anstrengende Tagwerk des Mediziners.

Mutti ergab sich in ihr Schicksal. Sie schien erleichtert, dass jetzt endlich etwas passierte und ihr vielleicht geholfen werden konnte. Wegen ihres Rückens bekam sie erst einmal Schmerzmittel. Die machten sie aber noch müder. Das andauernde Blutabnehmen und die Untersuchungen stressten sie zudem. Die typischen Sprüche kamen noch (»Ich kann nicht kacken, Jungs!«), aber längst nicht mehr mit dem gewohnten Verve. Mutti wurde immer schwächer und tüddeliger. Gelegentlich phantasierte sie sogar, vergaß, wo sie war, oder blickte einfach nur erschöpft ins Leere. Ich musste an die Worte des großen Henri Nannen denken, der mal kurz und prägnant gesagt hatte: »Alt werden ist Scheiße!«

Ich sprach mit dem Arzt, der mir sagte, bisher hätten sie noch kein klares Bild, aber eines könne er schon mal sagen: Der Rücken sei bis auf eine Prellung in Ordnung. Unsere Mutter sei jedoch dehydriert eingeliefert worden und müsse nun nach und nach erst einmal wieder aufgepäppelt werden. Sie habe offenbar schlichtweg zu wenig getrunken und nicht ordentlich gegessen. Viele Leute würden unterschätzen, was eine Dehydrierung für dramatische Folgen haben konnte: Verwirrung, Schwäche, Stürze – all das sei denkbar. Und dann – fuhr der Arzt fort – habe er sich mal all die Medikamente angesehen, die wir von ihrem Nachttisch in eine Tüte gesteckt und ihr mitgegeben hatten. Das sei ja eine recht bunte Mischung und teilweise hartes Zeugs wie starke Beruhigungs- und Schmerzmittel. Und meine Mutter habe doch wohl hoffentlich einen Cocktail aus allem nicht jeden Tag eingenommen? Ich konnte ihm die Frage nicht beantworten. Aber ich kannte meine Mutter: Ihr Motto war stets: Viel hilft viel. Und sie pfiff sich rein, was da war, wenn es ihr nicht gut ging.

Am Ende stellte sich heraus, dass der Grund für ihre Schwäche, die Stürze und den dramatischen Abbau eine Mischung aus Dehydrierung und versehentlichem Medikamentenmissbrauch war. Ihr Tablettenmix hätte einen Karussellbremser umgehauen. Beinahe jeden Tag hatte sie sich einen fast toxischen Cocktail aus Beruhigungsmitteln, Schmerzmitteln, Beat-Blockern, Schlaftabletten, Abführmitteln und Blutzuckersenkern reingepfiffen. Überall, so stellten wir später fest, hatte Mutti Depots mit irgendwelchen Packungen. Die wurden erst mal beschlagnahmt. Trotz allem waren wir irgendwie erleichtert. Jetzt wussten wir zumindest, was mit unserer Mutter los gewesen war, und konnten im Zusammenspiel mit den Ärzten entsprechend handeln. Aber die Erleichterung hielt nicht lange vor.

Denn schon ein paar Tage später kam es richtig dicke.

# »Ich wollte nichts an der Brust haben.« Mutti hat uns den Krebs verheimlicht

Bei einem Besuch im Krankenhaus kam die ganze bittere Wahrheit ans Tageslicht. Meine Mutter diktierte mir gerade eine Liste mit Dingen, die sie brauchte, als plötzlich der Satz fiel: »Und dann musst du mir unbedingt noch Pflaster mitbringen.«

Ich war irritiert. Sie war im Krankenhaus und wollte Pflaster haben?

»Wofür denn, Mutti?«

»Für meine Brust.«

»Was ist denn mit deiner Brust?«

»Da blutet es aus so einer Stelle.«

»Wie? Was blutet da? «

»Da ist so eine Wunde.«

»Und wie lange schon?«

»Seit ein paar Monaten.«

Es war unfassbar. Unsere Mutter hatte seit längerer Zeit eine offene Wunde an der rechten Brust. Und sie stammte nicht von einer Verletzung. Irgendwann, erzählte sie, habe das einfach angefangen zu bluten, und sie hatte die sich ständig vergrößernde Stelle selber versorgt. Mit Pflastern und Kompressen. Und das tat sie auch immer noch in aller Heimlichkeit – selbst im Krankenhaus.

»Aber Mutti, warum hast du denn nichts gesagt oder bist zum Arzt gegangen?«

»Ich hab mich geschämt«, antwortet sie. »Ich wollte nichts an der Brust haben.«

Mir war gleich klar, was die Brustwunde wahrscheinlich bedeutete. Im Krankenhaus war die noch nicht bemerkt worden, aber die Schwestern waren sofort alarmiert, als ich ihnen davon erzählte. Schon am nächsten Morgen begannen die Untersuchungen, und schnell war klar: Unsere Mutter hatte einen offenen Brustkrebs, den sie seit Monaten verschleppt hatte.

Es war zum Heulen. Mutti war nicht nur schwach, zerstreut, sah zunehmend schlechter und litt unter Rückenproblemen, sondern hatte auch noch Krebs. Und er war offenbar schon weit vorangeschritten.

Die abendliche Telefonkonferenz mit meinen Geschwistern war von allgemeiner Fassungslosigkeit gekennzeichnet. Der Satz »Ich wollte nichts an der Brust haben« war in seiner Mischung aus Starrsinn, Angst und Verschrobenheit typisch für sie.

Drei Tage später trafen mein Bruder und ich uns mit dem Chefarzt der gynäkologischen Abteilung an Muttis Bett. Der Mediziner, ein freundlicher, sehr kompetent wirkender Mann von Mitte vierzig, erklärte uns, dass Mutter durch ihr langes Schweigen die Sache erheblich komplizierter gemacht hatte, als sie ohnehin schon war. Der offene Brustkrebs hätte bereits Haut-Metastasen gebildet. Dies alles erfordere eine weit-räumige Entfernung der Brust. Bei einer Operation müsse jedoch so viel Haut und Gewebe entfernt wer-den, dass er Haut vom Rücken auf die Wunde trans-plantieren müsse, damit sich diese überhaupt schlie-ßen könne. Das aber sei unserer Mutter in ihrem Alter und angesichts ihres schlechten Gesundheitszustan-des kaum zumutbar.

»Und was heißt das jetzt?«, fragte mein Bruder.

»Wenn wir aber nichts machen«, antwortete der Arzt, »wird der Krebs weiter durchbrechen und sich ausbreiten, und das wird unangenehm. Für Ihre Mut-ter und das Pflegepersonal. Und irgendwann endet es mit dem Tod.«

»Und was raten Sie meiner Mutter nun?«, fragte ich.

»Es gibt nur zwei Möglichkeiten«, antwortete der Mediziner. »Wir wagen die Operation, oder Ihre Mut-ter macht eine ambulante Chemotherapie. Zum Glück hat sie eine Krebsart, für die es ein sehr wirksames, neues Mittel gibt. Wir könnten es schaffen, dass sich die Wunde in zwei, drei Monaten so verkleinert, dass wir eine Operation wagen können und auch wohl nicht transplantieren müssen. Das muss dann aber ein niedergelassener Onkologe machen. Wenn das alles so läuft wie beschrieben, kriegen wir das mit dem Krebs in den Griff.«

Unsere Mutter lag in ihrem Bett, hörte zu und machte große Augen. Sie schien erleichtert, dass die Sache nun endlich raus war, war aber mit all dem, was nun anlag, offensichtlich überfordert.

# Operation oder Chemotherapie?

ALSO BESCHLOSSEN WIR, das alles erst einmal sacken zu lassen. Der Arzt ließ ein paar Broschüren da, die für Krebspatienten entwickelt worden waren, und versprach, sobald wir uns entschieden hätten, alle nötigen Schritte für uns einzuleiten und einen Termin mit einem Onkologen zu arrangieren.

»Was für eine Scheiße«, sagte mein Bruder, als wir draußen vor dem Krankenhaus standen. Kurz zuvor hatte unsere Mutter uns unter Tränen gebeten, ihr nicht böse zu sein. »Ich weiß doch auch nicht, warum ich nix gesagt habe.«

Natürlich erklärten wir beide, ihr nicht böse zu sein. Das half ja nun auch keinem weiter. Tatsächlich aber empfanden wir beide eine sonderbare Mischung aus Mitleid, Hilflosigkeit und – ja – auch Verärgerung. Wir hatten schon so viel mit unserer Mutter und ihren Problemen zu tun, und nun kam auch noch dieser Hammer. Hätte sie doch bloß rechtzeitig etwas unternommen oder wenigstens mal was angedeutet! Dann wäre – das bestätigte auch der Arzt – die Brust entfernt und anschließend der Bereich bestrahlt worden. Insgesamt eine Routine-OP, die nun aber eben keine echte Option mehr sei. Das hätte vor etlichen Monaten geschehen müssen. Mutti hatte durch ihr Schweigen die ganze Sache verdammt kompliziert gemacht. Aber am Ende – sagten wir uns – war sie es doch, die Krebs hatte. Sie war diejenige, die wahrscheinlich eine Chemotherapie durchstehen und operiert werden musste. Sie war zu bedauern, nicht wir. Also schluckten wir unseren Ärger runter und schalteten auf Handlungs-Modus.

Was war die richtige Entscheidung? Die sofortige Operation oder die Chemotherapie?

Jochen, der Mann von Gesas Schwester Britta, ist Arzt und half uns bei der Entscheidungsfindung. Er besuchte unsere Mutter, sprach mit seinen Kollegen und riet dringend zur Chemotherapie. »Die ist aus meiner Sicht leider alternativlos«, sagte er. »Da jetzt nichts zu machen wäre die Hölle für alle. Und eine sofortige OP steht sie nicht durch. Macht die Chemo.«

Zum Glück sah das unsere Mutter auch so. Sie versprach, tapfer zu sein. Der Chefarzt zeigte sich zufrieden und erklärte, dass Mutti nun einen Port-Katheter bekommen sollte, eine Art feste Kanüle am Oberkörper, in die die Chemotherapie-Lösung später regelmäßig eingeleitet werden würde. Dann entschieden wir uns für einen Onkologen und besorgten dort einen Termin für Traute.

Unsere Mutter wurde noch ein paar Tage im Krankenhaus aufgepäppelt und dann überraschend schnell entlassen. Natürlich bevor sie den Port bekommen hatte! Dies, so erfuhren wir, sei eine ambulante Leistung, die aus abrechnungstechnischen Gründen nicht sofort im Krankenhaus hatte erbracht werden können. Ein niedergelassener Arzt müsse das verordnen, und dann könne unsere Mutter wiederkommen und das Ganze ambulant machen lassen. Was für ein Irrsinn! Meine Mutter musste am Ende sogar zweimal im Krankenhaus erscheinen: einmal zu einer Vorbesprechung und einer Belehrung und noch mal zum eigentlichen Setzen des Ports. Man kann sich denken, dass Mutti all die Fahrerei und das ständige Warten irgendwo mächtig zusetzte. Und uns auch. Denn wir waren immer der Hol- und Bringedienst und mussten uns ständig frei nehmen. Aber dazu später.

Erst einmal musste zuhause bei Mutti nun einiges organisiert werden. Das Krankenhaus war für die medizinischen Dinge ja nun nicht mehr zuständig. Kant als ihr frischgebackener Hausarzt war wieder dran. Er verordnete, dass ein ambulanter Pflegedienst die Wunde meiner Mutter regelmäßig verband und die Tablettengabe überwachte. Das Essen auf Rädern kam ja ohnehin schon seit längerem in die Wohnung. Mutti war schwach, hielt sich aber wacker. Unsere Frage, ob ihr das Essen denn mittlerweile schmecke, beantwortete sie mit einem trockenen »Beschissen ist geprahlt!«.

# Früher, als ich Zivi war. *Teil 1*

*Zum ersten Mal wurde ich mit dem Thema Alter, Tod und Sterben konfrontiert, als ich Anfang der achtziger Jahre meinen Zivildienst in einem Krankenhaus absolvierte. Wir waren rund zehn junge, vorwiegend langhaarige Männer Anfang zwanzig, die im Hol- und Bringedienst des katholischen Krankenhauses Rübental eingesetzt wurden. Das hieß, dass wir die Essenswagen aus der Küche zu den Stationen brachten und wieder abholten und ab und zu mal Patienten zum Röntgen oder in andere Abteilungen des Hauses schoben. Einige von uns arbeiteten auch in der Küche bei der strengen Leiterin Frau Stalus, die wir alle nur Stalin nannten. Und einmal die Woche musste einer von uns zum Frühdienst erscheinen und Blut- und Urinproben aus den Stationen ins Labor bringen. Dieser Job wurde von uns verächtlich »Blut und Pisse« genannt.*

*Die Arbeit war insgesamt nicht besonders schwer. Wir hatten viel Spaß miteinander und ließen gelegentlich auch den nötigen Ernst vermissen. Wettrennen mit den Essenswagen etwa kamen beim Verwaltungsleiter, der unser Vorgesetzter war, nicht besonders gut an. Und wir mussten aufpassen: Rein rechtlich waren wir Bundeswehrsoldaten gleichgestellt und befanden uns in einem so genannten »besonderen Gewaltverhältnis«. Das hieß: Wir hatten mit Strafen zu rechnen, falls wir Anordnungen nicht befolgten.*

*Auf der Station sechs arbeitete eine besonders hübsche Schwester. Sie hieß Veronika, und ich versuchte sie stets mit dem – wie ich fand – flotten Spruch »Veronika, der Schlenz ist da« zu becircen. Immerhin fand sie ihn lustig, auch in der x-ten Wiederholung. Dies bestätigte meine alte Theorie, dass ein guter Kalauer immer besser wird, wenn man ihn häufiger bringt, was meine Frau Gesa in Abrede stellt. Okay, vielleicht ist es auch eine Terz zu viel, wenn man dreißig Jahre lang seiner Frau die Tür aufhält mit den Worten: »Ladies first, James last.«*

*Im Krankenhaus arbeiteten auch Nonnen, mit denen wir uns meist recht gut verstanden. Es gab allerdings auch welche in Leitungspositionen, die echte Drachen waren. Schwester Agathe war besonders gefürchtet. Sie leitete die Apotheke und wurde von uns hinter vorgehaltener Hand nur »Die Faust Gottes« oder »Agathe Christie« genannt. Einige waren aber auch etwas durchgeknallt und dachten zum Beispiel, die Russen hätten den Zweiten Weltkrieg angefangen. Zur Legende wurde Schwester Bettina, die aus dem Orden ausstieg und mit ihrem heimlichen*

Freund durchbrannte. Man konnte diese Entwicklung als aufmerksamer Beobachter verfolgen. Irgendwann sah man Bettinas rote Haare unter der Nonnenhaube hervorblitzen. Erst nur ein paar Strähnen, später dann schon einen beachtlichen Teil des Haupthaares. Die Haube wich zurück, der Freiheitsdrang brach durch.

Die ersten Monate des Zivildienstes waren eher unbeschwert. Ich schob Essenswagen und hatte Spaß mit meinen Kollegen. Mit Kranken kam ich – abgesehen von ein paar Patiententransporten zum Röntgen – kaum in Kontakt. Mein erster Toter änderte alles. Dazu später mehr.

## Als Hypochonder mit Mutti
## beim Onkologen

DER TERMIN BEIM ONKOLOGEN rückte näher. Ich als Familienbeauftragter für den medizinischen Bereich erklärte mich bereit, unsere Mutter zu begleiten. Was mir sehr schwerfiel. Das war für mich wie ein Bungee-Sprung für einen Menschen mit extremer Höhenangst.

Als es so weit war, stand ich sehr rechtzeitig vor Muttis Tür. Ich wusste, ich musste ihr Zeit lassen. Sie war natürlich noch nicht reisebereit. Ihre Begründung: »Das Scheiß-Telefon geht wieder nicht. Das hat mich ganz durcheinandergebracht.« Ich ignorierte die Sinnlosigkeit dieser Bemerkung und fragte: »Mutti, wo ist deine Jacke? Wir müssen jetzt echt los.«

»Ich hab keine Jacke«, war die Antwort.

»Doch, Mutti, du hast mehrere.«

Ich öffnete eine kleine Kammer, die ihr als Garderobe diente, und holte eine hervor.

»Die nicht«, protestierte Mutti. »Die sieht Scheiße aus.«

Ich atmete tief durch, holte eine andere raus und half ihr hinein. Diesmal kam kein Protest. Mutti nahm ihren Rollator, und wir zuckelten langsam zu meinem Auto. Traute hielt sich mühsam aufrecht. »Der verdammte Rücken«, brummte sie.

Dann verfrachtete ich sie mit großer Mühe ins Auto, klappte den Rollator zusammen, und wir fuhren los. Nach zwei Kilometern fiel mir ein, dass ich großartiger und umsichtiger Planer den Entlassungsbericht aus dem Krankenhaus und den Überweisungsschein für den Onkologen zuhause bei Mutti vergessen hatte. Na, super! Ich kehrte um und fuhr noch mal zurück. Langsam wurde es knapp, und Mutti war diesmal nicht schuld. Sie döste im Auto.

Nach einer halben Stunde hatte ich unser Ziel erreicht. Sämtliche Parkplätze waren natürlich besetzt. Murphy's Law! Aber ich brauchte dringend einen in der Nähe des Eingangs, weil es Traute mit ihrem Rollator in ihrer derzeitigen Verfassung sonst niemals bis in die Praxis geschafft hätte. Also stellte ich mich mit eingeschaltetem Warnblinker direkt vor eine Einfahrt, half Mutti aus dem Auto und versuchte, sie so schnell wie möglich in die Arztpraxis zu bringen, um den Wagen anschließend umzuparken. Aber »schnell« und »Traute Schlenz« – das ging nicht zusammen. Wir schlichen zentimeterweise über den Bürgersteig. Unerbittlich bewegten sich die Zeiger meiner Uhr auf unseren Termin zu. Wir würden es nicht rechtzeitig schaffen, was in meinen Augen kein guter Anfang für die Therapie war. Aber was sollte ich machen? Ich neige grundsätzlich zur Ungeduld, riss mich aber mörderisch zusammen.

Irgendwann endlich betraten wir die Praxis des Onkologen. Ich setzte unsere Mutter erst einmal auf einen Stuhl und meldete uns an. Die Dame am Empfang bedachte mich mit einem tadelnden Blick, sah meine Mutter wie ein Häufchen Elend auf ihrem Stuhl sitzen und wurde dann gleich freundlicher. Ich gab Muttis Versicherungskarte, Arztunterlagen und MRT-Bilder ab und füllte etliche Zettel aus. Aus den Augenwinkeln sah ich, wie ständig arme, kahlköpfige Menschen an mobilen Tröpfen an mir vorbeischlurften. Ich war umgeben von Krebspatienten. Die Krankheit, vor der ich mich am meisten fürchtete. Dauernd fielen Worte wie »Tumor« oder »Metastasen«. Die Vorhölle!

Ich rannte raus, aber nicht vor Entsetzen, sondern weil ich ja noch den Wagen umparken musste. Ich hetzte vom Parkplatz wieder zurück in die Praxis und ging mit meiner Mutter ins Wartezimmer. Zwei Stühle waren noch frei. Auf den anderen saßen schweigende, teils sehr krank aussehende Menschen. Alle schwiegen. Eine Digitaluhr klickte leise. Mein Blick traf ein großes Regal. Dort lagen etliche blaue Broschüren mit Titelzeilen in großen Lettern. »Ratgeber Brustkrebs«, »Ratgeber Darmkrebs«, »Ratgeber Blasenkrebs« und so weiter. Eine Buchmesse des Grauens! Die Zeilen sprangen mich an wie kleine Raubtiere. Ich sah krampfhaft woanders hin. Aber woanders hieß, den armen Schweinen um mich herum ins Gesicht zu sehen. Ich starrte auf den Fußboden.

Dann sprach Mutti.

»Ich hab …«, fing sie an und stockte.

»Ja, Mutti«, fragte ich freundlich. »Was hast du?«

»Ich hab …«

»Ja, Mutti? »

»Sag nicht immer ja.«

Ich schwieg.

»Ich hab …«

Ich blicke sie stumm an.

»Guck nicht so. Du guckst immer so«, sagte Mutti.

Die anderen im Wartezimmer blickten in unsere Richtung. Wir alle ahnten, was meine Mutter sagen wollte: Ich habe Angst! Es war, als ob alle hofften, dass dieser Satz nicht fallen würde. Weil er die schmale Mauer zwischen dem scheinbar sachlichen Schweigen im Raum und den verborgenen Emotionen zum Einsturz bringen konnte. Natürlich hatte sie Angst. Jeder, der hier saß, kannte sie, diese Angst. Die Angst vor dem, was nun kommen würde. Vor der Chemotherapie. Der Krankheit. Dem Leiden. Dem möglichen Tod.

Mutti tat mir leid.

»Ich hab …«, sagte sie.

»Ja, Mama. Bis zum Verb sind wir ja schon gekommen. Was hast du?«

Ich wollte mit diesem Satz die Situation auflockern, aber schon während ich ihn sprach, merkte ich, dass er nicht angemessen war.

»Ich hab … (lange Pause) … gestern Kartoffelklöße gegessen.«

Kollektives Aufatmen im Wartezimmer. Zwei Patienten lächelten sogar.

»Und, Mutti«, fragte ich erleichtert, »haben sie dir geschmeckt?«

»Ich mach die besser«, sagte sie und lächelte mich an.

Dann wurden wir zum Arzt reingerufen.


Dr. Merz war ein Mittfünfziger, der uns freundlich begrüßte. Wir setzten uns auf zwei Stühle und sahen ihn erwartungsvoll an.

»Kleinen Moment«, sagte er, »ich muss mir das erst einmal ansehen.« Er klickte auf seinem Computer rum und begann zu lesen.

Der Mann hatte sich offenbar vorab nichts angeschaut und befasste sich nun erstmals mit dem Fall meiner Mutter.

»Ist das schon operativ versorgt worden?«, fragte er nach einer Minute.

Ich sagte in Gedanken zu mir: Bleib jetzt ganz ruhig, und antwortete: »Nein, Herr Doktor, meine Mutter ist ja hier, damit das operativ versorgt werden kann. Das müsste doch auch da stehen.«

»Ah, ja, jetzt sehe ich es.«

Es war, als ob der Mann sich jetzt einen Ruck gab, denn das weitere Gespräch verlief sehr gut. Der Onkologe erklärte, dass unsere Mutter an einer Art Brustkrebs erkrankt sei, die man gut mit einer ambulanten Chemotherapie in den Griff kriegen könne. Im besten, aber nicht unwahrscheinlichen Fall würde sich die Wunde so verkleinern, dass man in etwa zwei bis drei Monaten operieren könne. Die Nebenwirkungen seien gering, weil man niedrig dosieren würde. Traute müsse alle zwei, drei Wochen in der Praxis an den Tropf und dazwischen zur Kontrolle des Blutbildes. Und, ergänzte er noch, dies sei auch die einzig sinnvolle Alternative zu der von allen verworfenen Sofort-Operation mit Gewebetransplantation. Anderenfalls würde unsere Mutter nämlich bei lebendigem Leibe verfaulen.

Mama nickte tapfer zu diesen harten Worten und willigte ein.

»Den Transport organisieren wir«, sagte der Onkologe. Und dann gab er noch die Merkel: »Wir schaffen das!«

Mutti und ich schlichen wie betäubt aus dem Raum.

Traute wurde noch Blut abgenommen, und am Empfang gab uns eine resolute Dame noch ein Rezept. »Das sollten Sie noch heute aus der Apotheke holen. Das sind die Medikamente, die die Chemo vorbereiten, und auch die, die das Krankenhaus verordnet hat. Und das hier sind die ersten Termine für Ihre Mutter.«

Sie schob mir einen Zettel herüber.

»Ja, und den Transport organisieren Sie, nicht wahr?«

»Nee«, kam als Antwort, »rufen Sie sich doch ein Taxi, das kriegen Sie später wieder.«

»Aber der Doktor hat doch gesagt …«

Ich brach mitten im Satz ab. Mir fehlte einfach die Kraft, mich heute mit der Dame zu streiten. Ich würde das später am Telefon klären. Mutti und ich schlichen erst einmal wie betäubt aus der Praxis.

Ich fuhr zu einer Apotheke, und während Mutti im Auto döste, sah ich zu, wie ein Mann in einem weißen Kittel unablässig Schubladen auf- und zuschob und mir schließlich eine Plastiktüte mit acht großen Packungen zuschob. »So, das wär's fürs Erste«, sagte er. »Macht 35,40 Euro Zuzahlung.«

Wie und wann Mutti die Tabletten einnehmen sollte, hatte uns allerdings keiner gesagt. Gerald und ich lasen uns dann abends sämtliche Beipackzettel durch und erstellten selbstständig einen Medikamentenplan

67

für unsere Mutter. Den Kampf mit den vielen Tabletten kannte ich noch gut aus der Zeit, als mein Vater so krank war. Ich fragte mich, was wohl alleinstehende Menschen in solch einer Situation machen würden? Menschen, die niemanden hatten, der für sie Beipackzettel las und Krankentransporte organisierte?

# Als Papa starb

MEINE ELTERN WAREN ja damals – wie gesagt – gegen meinen ausdrücklich Rat nach Allermöhe in das Neubaugebiet gezogen. In die Wohnung ohne Fahrstuhl. Was sie nicht wussten, war, dass sehr viele Spätaussiedler aus der ehemaligen Sowjetunion dort eingezogen waren. Natürlich absolut kein Grund, dort nicht hinzuziehen, aber ich wusste, dass meine Eltern erst einmal vor allem, was ihnen fremd war, Angst hatten. Und tatsächlich: Als sie realisierten, wer alles in ihrer Nachbarschaft wohnt, brummte mein Vater, er sei »umgeben von Kaschuben und Pottjacken«, wie er es politisch sehr unkorrekt ausdrückte. Natürlich hielt ich sofort dagegen und bat ihn, seine Ausdrucksweise doch etwas zu mäßigen. Zudem gäbe es die Volksgruppe der »Pottjacken« auch gar nicht. Doch lange waren meine Appelle an die Völkerverständigung gar nicht nötig. Denn kaum wurde meinen Eltern im Treppenhaus mal die Tür aufgehalten oder ein Koffer hochgetragen, da wurden aus den »Kaschuben und Pottjacken« auf einmal der nette Dimitri und der fröhliche Jakub. Er wisse gar nicht, brummte Papa, was die Leute immer hätten mit diesen Russlanddeutschen. Die seien doch wirklich in Ordnung.

Also richteten sich meine Eltern ihr kleines Nest in dieser Siedlung ein und kamen eigentlich ganz gut zurecht. Kontaktfreudig wie Mutti immer war, lernte sie beim Einkaufen den Besitzer einer Buchhandlung kennen. Man verstand sich und schwupps – hatten meine Eltern einen Job im Keller der Buchhandlung. Sie packten Kartons aus, führten Listen und halfen, wo sie konnten.

So besserten sie die Pension meines Vaters auf und fühlten sich zudem noch gebraucht. Zuhause bei ihnen häuften sich Berge von Leseexemplaren und schrille Werbegeschenke des Buchhandels an. Etwa mittelalterliche Äxte aus Plastik, die für Fantasy-Romane warben. Unsere Jungs waren damals immer sehr angetan von all diesen schrillen Dingen.

Ansonsten waren meine Eltern vor allem eines: gern zu Hause! Eine Zeitlang machten sie noch zu zweit ausgedehnte Fahrradtouren ins Hamburger Umland. Bis meine Mutter, wie mein Vater es trocken ausdrückte, unfreiwillig zur »ersten Vorsitzenden des Hamburger Fresseleger-Verbandes« wurde. Mit anderen Worten: Sie war gestürzt. Zum Glück war nichts Schlimmes passiert, aber die beiden beschlossen dann, dass das Fahrradfahren in ihrem Alter zu gefährlich sei. Ich fand das sehr schade, aber es war ihnen nicht auszureden.

Mutti und Papa verlegten sich nun gänzlich aufs stellvertretende Erleben. Sie guckten sich alles Mögliche im Fernsehen an und träumten sich in ferne Welten. Aber am schönsten war es eben für sie, diese fernen Welten zu Hause vom Sofa aus zu betrachten.

Als meine Schwester irgendwann in Saarbrücken ihren Mann Wolfgang heiratete, fuhren wir alle zusammen hin, und Gesa und ich nutzen die Gelegenheit und luden meine Eltern zu einem Drei-Tages-Trip nach Paris ein. Traute und Gerd waren ganz aus dem Häuschen. Man würde das Land verlassen, eine Grenze passieren und dann in Paris im Hotel wohnen! Wow! Es war das erste Mal, dass meine Mutter die Bundesrepublik Deutschland verließ. Die Reise war nett. Das Wetter spielte mit, und Paris zeigte sich von seiner schönsten Seite. Wir besuchten die wichtigsten touristischen Ziele. Alles lief gut, aber meine Eltern waren die ganze Zeit ein wenig angespannt. Vor allem mein Vater. Sie hatten, wie sich dann herausstellte, schlichtweg Angst hier in der Fremde, obwohl es keinen wirklichen Grund gab. Paris, das war immer ihr Traum gewesen, aber jetzt, wo sie da waren, erdrückte sie das Gewimmel der Menschen, verunsicherten sie die Fahrten in der Metro, irritierte sie die fremde Sprache, von der sie kein Wort verstanden. Beide wichen keinen Zentimeter von unserer Seite. Es war ein wenig anstrengend für Gesa und mich.

Also machten wir am dritten Morgen ab, dass wir mal zwei Stunden getrennt was unternahmen. Meine Eltern willigten mit sichtlichem Unbehagen ein. Und als Gesa und ich zwei Stunden später wieder zum Hotel kamen, saßen Traute und Gerhard Schlenz in einem Café, das rund hundert Meter entfernt war. Weiter weg hatten sie sich nicht getraut.

Das Erstaunliche war, dass beide später, zuhause, die Reise mit großer Begeisterung aufarbeiteten. Sie kauften sich Paris-Karten, zeichneten unsere Spaziergänge nach und markierten die Orte, die wir besucht hatten. Sie legten Fotoalben an und kauften Paris-Reiseführer. Erst jetzt, in der Sicherheit der eigenen Wohnung, schienen sie die Reise richtig genießen zu können. Zuhause war es für beide einfach am schönsten. Sie kochten, sie lasen, sie guckten jeden Abend fern und waren sich selbst genug.

Die Erkrankung meines Vaters machte die Idylle dann auf einen Schlag zunichte. Bauchspeicheldrüsenkrebs!

Es hatte eine ganze Zeit gedauert, bis klar war, was er hatte. Papa wurde währenddessen immer weniger. Er nahm rasend schnell ab und wurde zunehmend schwächer. Als die Diagnose schließlich kam, nahm er es äußerlich scheinbar gelassen hin. Aber ich wusste, dass er jemand war, der gelernt hatte, seine wahren Gefühle zu verbergen und keine Schwächen zu zeigen. Wie es tief drinnen in ihm aussah, wusste niemand. Auch damals war ich der Arztbeauftragte der Familie. Meine Mutter war damit überfordert, und meine Geschwister wollten nicht so recht. Also begleitete ich meinen Vater zum ersten Termin beim Onkologen. Es war unmöglich, ihn das allein durchstehen zu lassen. Dr. Franz, den uns Freunde empfohlen hatten, schien auf den ersten Blick genau der Richtige zu sein. Er hatte eine hemdsärmelige, joviale Art, die mein Vater sofort schätzte. Sprüche machen und gemeinsam so tun, als ob alles gar nicht so schlimm wäre, das war genau das, was Papa jetzt brauchte. Die beiden sprachen über die Krebserkrankung meines Vaters wie zwei Mechaniker, die eine Maschine reparieren wollen. So blieb es bis zum bitteren Ende. Ich weiß nicht, ob es gut oder schlecht für Papa war, aber er schien sich wirklich nicht darüber klar zu sein, dass er an einer unheilbaren Krankheit litt, die mit Sicherheit in wenigen Monaten zum Tod führen würde. Einen Computer hatten meine Eltern nicht. Also googelten sie auch nichts im Internet. Und medizinische Fachbücher besorgten sie sich auch nicht. Sie vertrauten einzig darauf, was der Arzt sagte und empfahl. Dr. Franz spürte das, und seine Taktik war, immer mit lockeren Sprüchen um den heißen Brei herumzureden. Nie sagte er meinem Vater: »Sie werden bald sterben, Herr Schlenz.« Und ich brachte es auch nicht fertig, Papa das so klar zu sagen.

Dr. Franz empfahl meinem Vater dann eine »eher sanfte Chemotherapie«. Damit habe er in solchen Fällen gute Erfahrungen gemacht. Mein Vater sagte sofort zu, obwohl er noch Stunden zuvor nichts von »Chemo und so« hatte wissen wollen. Aber aus dem Munde des Arztes klang alles so logisch und folgerichtig. Man konnte ja schließlich nicht nichts tun, sagte sich Papa. Doch genau das wäre aus meiner Sicht damals das Richtige gewesen. Denn die Chemotherapie war mehr als nur »eher sanft«. Sicherlich gab es viel härtere mit schwereren Nebenwirkungen, doch Papa litt unter Magen-Darm-Beschwerden, und er hasste die dauernden Blutabnahmen und Infusionen. Er war sehr tapfer, aber er schleppte sich stets mühsam und voller Unwillen in Dr. Franz' Praxis und fühlte sich immer zwei Tage nach den Behandlungen ziemlich schlecht. Dann erholte er sich wieder, bis das Ganze von vorn begann. Schließlich verbesserten sich seine Blutwerte. Dr. Franz war ganz euphorisch. »Dolles Ding, wie das bei Ihnen anschlägt!« Er sagte meinem Vater allerdings nicht, dass das sein Ende nur etwas verzögern, ihn aber keinesfalls heilen würde. Aber genau das dachte Papa. Da waren zwei Männer am Werk, die beinahe bilderbuchmäßig aneinander vorbeiredeten. Ich glaube heute, dass mein

Vater durch die Chemotherapie vielleicht ein, zwei Monate länger gelebt hatte. Aber er hat diese Monate nicht genießen können. Wahrscheinlich wäre eine rein palliative Therapie für ihn viel besser gewesen. Aber wer kann das am Ende schon wirklich wissen?

Papa hatte so oder so keine Chance. Ich werde nie vergessen, wie ich ihn vor drei Jahren schließlich abholte, um ihn ins Hospiz zu bringen. Er stand auf, zog sich seinen Mantel an, drehte sich noch einmal um und warf einen Blick zurück in seine Wohnung, die er nie wieder betreten würde. Dann strich er an der Garderobe noch einmal über seine Lieblings-Sommerjacke und ging zum Auto, ohne sich noch einmal umzudrehen. Meine Mutter fuhr auch mit, aber sie schien nicht wirklich zu begreifen, was hier passierte. Es war auch für sie zu viel. Es war bewundernswert, wie mein Vater sich hielt. Auch, um seine Frau zu schonen. Ich hab es nur ein einziges Mal erlebt, dass er seine Verzweiflung zeigte und weinte. Das war, als wir im Krankenhaus über seine Beerdigung sprachen. Er wünschte sich, dass dort das »Lied an den Mond« aus der Oper »Rusalka« von Anton Dvořák gespielt werden würde. Hoffentlich hast du es gehört, Papa!

# Das Rote Kreuz scheißt mich zusammen

MUTTI SASS NUN ALSO allein zuhause, wurde vom Pflegedienst versorgt, hörte den ganzen Tag Klassik-Radio, bekam zu essen, nahm Tabletten und wartete auf ihre erste Chemotherapie. Sie wirkte immer hinfälliger, und wir fragten uns, ob sie die Behandlung überhaupt durchstehen würde. Aber sie musste es einfach schaffen. Ich musste immer wieder an die Worte des Onkologen denken: »Oder sie wird am lebendigen Leibe verfaulen.« Es gab keine Alternative. Traute rief nun auch immer häufiger an, klagte über Schmerzen oder stellte einfach nur Fragen wie: »Hast du gerade angerufen?«, oder: »Das Telefon geht doch jetzt wieder, stimmt's?« Sie brauchte halt Kontakt.

Einmal riefen die Nachbarn an, weil unsere Mutter durch den Hausflur gelaufen war und gerufen hatte: »Ich habe nichts zu essen.« Wir versicherten den Anrufern, dass der Kühlschrank gut gefüllt sei und jeden Tag ein warmes Essen gebracht würde. So oft wir konnten, besuchten wir Traute, aber es ging halt unter der Woche nur abends oder eben am Wochenende.

Eines Morgens – ich saß gerade auf der Toilette und checkte mit dem Handy meine E-Mails – rief eine knurrige Dame vom Roten Kreuz bei mir an. Sie habe sich meine Nummer von meiner Mutter besorgt und wolle mir jetzt mal ganz klar sagen, dass es so nicht weiterginge.

»Was bitte kann so nicht weitergehen?«, fragte ich leise, damit es nicht so hallte im Bad.

»Na, dass Ihre Mutter uns ständig mit dem Notfallknopf ruft und wir sie vom Boden oder aus irgendwelchen Ecken aufklauben. Die Dame gehört in ein Krankenhaus.«

»Wie? Was? Meine Mutter hat den Knopf gedrückt?«

»Mehrfach.«

»Und sie war wieder gefallen?«

»Mehrfach!«

»Ach, du Sch...«

Ich riss mich zusammen und richtete mich auf dem Klo sitzend auf.

»Sie haben völlig recht, meine Dame«, fuhr ich fort. »So geht das nicht weiter, ich ...«

»Was sabbelst du denn da auf dem Klo?«, rief meine Frau von draußen.

»Ich hab das Rote Kreuz dran«, rief ich.

»Geht es dir nicht gut?«, fragte meine Frau.

»Ist wegen Traute!«

»Sind Sie noch da?«, fragte die Dame vom Roten Kreuz.«

»Ja, Entschuldigung, also ich werde sofort mit dem Hausarzt meiner Mutter sprechen, und dann klären wir das.«

»Machen Sie das, Herr Schlenz. Denn so geht es nicht weiter.«

»Ist angekommen. Auf Wiederhören.«

Ich rief umgehend Kant an. »Tja«, sagte er, »ich kann jetzt hinfahren zu eurer Mutter, aber am Ende wird das nix bringen. Ihr müsst euch ganz schnell einen Platz für eine Kurzzeitpflege in einem Heim suchen. Da wird sie hoffentlich so weit aufgepäppelt, dass sie die Chemo durchsteht. Ich geb dir mal ein paar Adressen. Und ruf ihre Krankenkasse an. Du musst das da beantragen. Die bezahlen das dann.«

Tja, und das war der Anfang eines Crash-Kurses, an dessen Ende ich sozusagen zum Pflegeexperten wurde. Und so geht es allen Angehörigen: Irgendwann können die Eltern nicht mehr, und man muss ihre Pflege organisieren, ohne auch nur den geringsten Schimmer zu haben, wie man das macht.

Jeden Tag fürchteten wir, dass wieder etwas passierte. Mutti stürzte immer wieder, lag apathisch auf dem Sofa oder im Bett und aß kaum noch etwas. Einmal rasten Gerald und ich zu ihr hin, weil die Nachbarin es in ihrer Wohnung rumpeln gehört hatte. Mutti lag – halb ohnmächtig – hilflos am Boden. Den Notruf-Knopf vom Roten Kreuz hatte sie nicht gedrückt. »Die schimpfen doch immer so«, wimmerte sie. Nur mit viel Mühe schafften Gerald und ich sie wieder zurück in ihr Bett. So ging es nicht weiter!

Die nächsten Tage verbrachte ich viele Stunden damit, mir bei verschiedenen Pflegeheimen Absagen abzuholen. Es war so kurzfristig einfach nichts frei. Die Krankenkasse meiner Mutter schickte ein Antragsformular, das Gerald und ich ausfüllten. Schnell lernten wir den Unterschied zwischen einem regulären Heimaufenthalt und einer Kurzzeitpflege, die erst einmal vier Wochen dauert. Und genau die brauchten wir. Mutti musste fit genug für die Chemotherapie sein. Also telefonierte ich weiter. Ansonsten taten wir, was wir konnten, und fuhren abwechselnd hin zu Mutti. Wir waren allesamt total überfordert mit der Situation. Aber es musste ja weitergehen. Und ein Termin rückte immer näher. Schon am übernächsten Tag sollte unsere Mutter wieder ins Schwesternstift. Dort sollte sie über den Einbau des Port-Katheters informiert und darauf vorbereitet werden. Es musste aus rechtlichen Gründen ein Tag dazwischenliegen, und erst dann würde der »Einbau« erfolgen.

# Eine Ärztin, die der Himmel schickt

SCHON DER TERMIN zur Besprechung drohte zu platzen. Mutti schien einfach zu schwach zu sein. An einen erneuten Ausflug mit dem Rollator war gar nicht zu denken. Gerald und ich hätten Mutti noch nicht mal ins Auto gekriegt. Also organisierten wir über die Onkologen-Praxis einen Krankentransport, und Traute wurde abgeholt. Diesmal konnte keiner von uns mit. Ich schaffte es gerade noch, dafür zu sorgen, dass unsere Mutter reisefertig war, und öffnete den Fahrern die Haustür. Dann musste ich zur Arbeit. Ich wusste ja, dass es erst einmal nur um ein Gespräch ging, und anschließend würde Traute zurückgebracht werden.

Aber so war es nicht!

Irgendwann klingelte mein Handy. Eine freundliche Ärztin aus dem Schwesternstift war dran und sagte mir, dass unsere Mutter ja in einem ziemlich schlechten Zustand sei. Es sei wohl besser, dass sie jetzt jemand abhole.

»Aber ich bin im Büro«, sagte ich zerknirscht. »Und mein Bruder auch. Wir dachten, dies sei nur ein Gespräch, und sie wird anschließend wieder mit dem Krankenwagen nach Hause gebracht.«

Die Ärztin schwieg.

Ich dachte: Gute Güte, jetzt scheißt sie mich zusammen und brüllt: »Wenn Sie nicht eins-fix-drei hier sind, kippe ich Ihre Mutter vors Haus! Ist mir schnurz, wir sind kein Pflegeheim!«

Aber es geschah ein Wunder!

»Wissen Sie was«, sagte die Ärztin schließlich, »ich behalte Ihre Mutter einfach hier. Wir kümmern uns um sie, und dann bekommt sie übermorgen ihren Port. Ich kann die Patientin jetzt in ihrem Zustand nicht nach Hause lassen.«

Ich hätte der Dame fast einen Heiratsantrag gemacht. Nicht zu fassen, diese wunderbaren Worte: »Erst einmal dabehalten«, »kümmern«. Sie klangen gar lieblich in meinen Ohren.

»Ach, das ist ja schön«, flötete ich schließlich, nachdem meine Ergriffenheit wieder abgeklungen war. »Genauso machen wir es. Ich danke Ihnen sehr.«

Und so geschah das kleine Wunder. Mutti wurde aufgenommen und bekam ein Zimmer.

Und wir waren um eine Erkenntnis reicher. Wäre einer von uns bei der Besprechung dabei gewesen, hätte man uns mit unserer Mutter nach dem Termin garantiert wieder weggeschickt, egal wie schwach oder verwirrt sie gewesen wäre. So aber fühlte sich die Ärztin verantwortlich und handelte. Auch, wenn es komisch klingt: Manchmal – das haben wir bei mehreren Gelegenheiten gemerkt – ist es besser, wenn man nicht dabei ist, wenn die Eltern Arzttermine haben. Wenn kein Angehöriger da ist, kümmern sich die Ärzte, Schwestern oder die Arzthelferinnen viel mehr. Ansonsten heißt es: Tschüs – jetzt sind Sie wieder dran.

Und es kam noch besser. Die Stationsärztin ließ sich am nächsten Tag von mir überzeugen, dass es sinnvoll wäre, unsere Mutter direkt aus dem Krankenhaus zum ersten Chemo-Termin bringen zu lassen, denn die onkologische Praxis war im gleichen Gebäudekomplex und der Termin war nur zwei Tage später.

Das Ganze fing an, richtig rund zu laufen. Ich fühlte mich wie ein genialer Logistiker, der die komplizierten Nachschubpläne einer ganzen Armee perfekt entwickelt und umgesetzt hatte. Das kommende Desaster – meine persönliche Schweinebucht, um im militärischen Bild zu bleiben – lauerte aber schon am Horizont.

Erst einmal schien alles in Butter. »Das ist nett hier«, brummte Mutti bei meinem ersten Besuch, »aber dieser Pfleger Armin ist ein Arsch. Ich glaube, der ist andersrum.« Und Schwester Martha sei freundlich, aber leider ziemlich dämlich. Und der Kaffee, also der schmecke wie Affen-Urin.

Am nächsten Tag bekam sie ihren Port-Katheter, was problemlos über die Bühne ging. Mutti war so-

gar ein wenig stolz, dass sie nun eine Art Tankstut-
zen unterm Schlüsselbein hatte. Jetzt konnte die erste
Chemo kommen. Und bis dahin hatten wir alle erst
einmal Ruhe.

Von wegen!!!

# Mutti entlässt sich selbst

ICH WAR GERADE BEIM JOGGEN, als der Anruf kam. Das Handy hatte ich jetzt immer dabei, falls was mit unserer Mutter wäre. Und es *war* was mit unserer Mutter! Mein Bruder war am Apparat. Das Krankenhaus hatte ihm auf den Anrufbeantworter gesprochen: Mutti habe sich sozusagen selbst entlassen und sei nun abholbereit. Ich war fassungslos. Da hatte ich alles so schön hinbekommen, und dann das! Mutti wollte nach Hause. Da, wo sie nun gerade in diesen Tagen nicht hingehörte. »Ich kümmere mich!«, sagte ich zu Gerald und rannte nach Hause. Wir beiden hatten eine Arbeitsteilung beschlossen. Er war der Finanzfachmann und kümmerte sich um Rechnungen und Zahlungen, die unsere Mutter betrafen, und außerdem um den Einkauf. Und ich war – wie gesagt – zuständig für den Kontakt zu den Ärzten und zum Krankenhaus. Blöd für einen Hypochonder, aber mein Bruder fand, dass ich als Journalist einfach der versiertere Talker und Verhandler sei. Er drückte es allerdings anders aus: »Du kannst besser sabbeln, Bruder.«

Unsere Arbeitsteilung, von der unsere Mutter Kenntnis

hatte, hinderte sie allerdings nicht daran, der Stationsärztin Geralds Nummer zu geben, um ihre Entlassung
anzukündigen. Warum auch immer.

Während ich nun also nach Hause raste, rief ich
schon mal schnell bei unserer Mutter auf dem Handy an. Sie ging nicht ran. Aber das Gefummel am
Handy führte zu grober Unachtsamkeit, und so blieb
ich beim Überqueren einer Straße an einer Bürger-
steigkante hängen, stolperte, taumelte, fiel und knall-
te auch noch gegen eine Steinmauer. Ich möchte die
Flüche, die meinem erzürnten Munde entglitten, hier
jetzt nicht wiederholen. Aber Sie können mir glauben:
Ich war echt bedient. Schulter geprellt, Jogginghose
kaputt und eine außer Kontrolle geratene Mutter am
Hals. Und das Handy hatte auch noch einen Kratzer
auf dem Display.

Zuhause stürzte ich in mein Arbeitszimmer, fand
meinen Merkzettel mit allen wichtigen »Mutti«-Num-
mern und rief sofort im Schwesternstift an.

Tatsächlich bekam ich eine Ärztin an den Apparat.
Allerdings nicht die, die unsere Mutter so freundlich
aufgenommen hatte. Diese hier kannte keine der ge-
troffenen Absprachen. Ich erklärte ihr alles und flehte
sie an, unsere Mutter noch einen Tag dazubehalten,
damit sie direkt von der Station in die onkologische
Praxis gebracht werden könnte. Die Alternative – so

erklärte ich ihr – wäre eine Entlassung mit einem Krankentransport nach Hause, wo meine Mutter womöglich wieder fallen würde. Was hieße, dass sie erneut den roten Notfallknopf drücken würde und das Rote Kreuz sie wieder ins Krankenhaus bringen würde, von wo sie dann … Die Ärztin unterbrach mich. Sie habe verstanden und habe jetzt – Hoppala – auch während unseres Telefonates eine Notiz ihrer Kollegin auf dem Schreibtisch gefunden, dass die Patientin Traute Schlenz ja direkt vom Stift zur Chemo sollte, und das sei ja auch sehr sinnvoll. Ich verkniff mir die Bemerkung, dass das rechtzeitige Lesen dieser Notiz mir eine Schulterprellung, Kniebeschwerden, Handybeschwerden und einen veritablen Wutanfall erspart hätte. Denn ich wollte nur, dass wir bei eben diesem Plan blieben. »Das können wir so machen«, sagte die Ärztin, »vorausgesetzt, die Patientin ist einverstanden.« »Das wird sie«, antwortete ich. »Verlassen Sie sich drauf.« Und ich klang dabei wie Clint Eastwood.

Mutti willigte dann natürlich sofort ein, als ich sie endlich erreichte. Sie wisse auch nicht recht, was sie sich bei der ganzen Aktion gedacht habe. Womöglich habe es an dem »beschissenen Kaffe« gelegen. Zuhause habe sie ja ihren geliebten Löslichen.

Ich biss mir in den Unterarm, um nicht loszubrüllen.

Zwei Stunden später klingelte mein zerkratztes Handy wieder. Die Nummer des Krankenhauses! Aber mit anderen Endziffern. Ich war alarmiert. Hatte Mutti in der Kaffeeküche Geiseln genommen?

Aber es war eine freundliche Dame vom sozialen Dienst des Krankenhauses dran. Sie habe sich unsere Mutter einmal angesehen, mit den Ärzten geredet und wolle nun ihre Hilfe anbieten. Denn nach der ersten Chemotherapie solle unsere Mutter ja wieder nach Hause. Und sie wisse nicht, ob das eine wirklich gute Idee sei. »Nein«, sagte ich. »Das ist – verzeihen Sie mir den Ausdruck – sogar eine beschissene Idee. Aber was sollen wir machen? Kann sie nicht bei Ihnen im Haus bleiben?«

»Leider nein«, antworte die soziale Dame. Dies hätten die Ärzte abgelehnt, denn die Chemo sei nun mal eine ambulante Therapie.

# Mutti kommt ins Pflegeheim

ICH TELEFONIERTE MIR die Finger wund. Unserer Mutter ging es jetzt schon schlecht. Wie würde es nur nach der ersten Chemotherapie um sie bestellt sein? Ich musste einfach eine Pflegeeinrichtung finden, die unsere Mutter zumindest für ein paar Wochen nahm und wieder aufpäppelte. Und Traute war damit auch sehr einverstanden. »Ist besser so«, murmelte sie. »Wenn ich noch mal hinknalle, ist vielleicht Schicht im Schacht.«

Aber wo ich auch anrief – überall gab es keinen Platz. Die freundliche Dame vom sozialen Dienst des Krankenhauses wollte helfen und stellte für uns einen Eilantrag zur Erteilung einer Pflegestufe beim medizinischen Dienst der Krankenkasse. Das würde die Chancen, einen Platz zu bekommen, erhöhen. Aber der Antrag wurde glattweg abgelehnt. Ich war entsetzt. »Wie muss man denn drauf sein, um da so was zu bekommen?«, fragte ich die Dame. »Kopf ab? Oder schon tot?«

»Ist manchmal nicht einfach«, antwortete sie teilnahmsvoll. »Manche Entscheider lehnen ab, solange jemand noch geradeaus gucken kann.«

Pflegeparadies Deutschland!

Ich telefonierte weiter. Irgendwann hatte ich eine nette Frau vom Seniorenzentrum Rosengrund am Apparat. Mittlerweile war ich schon einigermaßen verzweifelt und zog alle Register. Sätze wie »In welchem Land leben wir eigentlich?« oder »Meine Mutter hat dieses Land mit aufgebaut« gingen mir mit bebendem Timbre locker von den Lippen. Und ich meinte das auch so. Nach fünfzehn Minuten hatte ich die Dame schließlich ins Wachkoma gequatscht. Sie willigte ermattet ein, Mutti für vier Wochen in eine Kurzzeitpflege zu nehmen. »Allerdings als Selbstzahler«, betonte sie. »Ohne Pflegestufe geht das nicht anders. Sie müssen wirklich alles selber bezahlen. Und nach den vier Wochen ist Schluss.«

»Selbstverständlich«, rief ich erleichtert. Ich hätte ihr das Geld auch sofort in einem Koffer vorbeigebracht. Licht am Horizont. Ein Platz für Mutti! In einer professionellen Einrichtung! Ich fuhr hin, sah mir das Heim an und war sehr zufrieden, einen modernen, hellen Bau vorzufinden, der keine Horror-Ausstrahlung hatte. Hier würde es Traute bestimmt gefallen. Anschließend informierte ich meine Geschwister. »Jubel im Lager der Turmspringer«, kommentierte mein Bruder die Nachricht in seiner trockenen Art, und auch meine Schwester war sehr erleichtert. »Da haben wir schon mal einen Fuß in der Tür in diesem

Heim«, sagte sie. Sie dachte, wie immer, schon sehr viel weiter. Und dann rief auch noch die Dame vom sozialen Dienst des Krankenhauses an. Sie habe noch mal beim Medizinischen Dienst der Krankenkasse protestiert und weitere ärztliche Unterlagen nachgereicht. Und tatsächlich wurde dort nach Aktenlage entschieden, dass unsere Mutter vorläufig und bis zu einer intensiven Inaugenscheinnahme die Pflegestufe eins erhalten sollte. Unsere Mutter war nun nicht mehr Selbstzahlerin, sondern eine reguläre Heimbewohnerin, die nur noch ihren – allerdings nicht unerheblichen – Eigenanteil zuzahlen musste.

# Schräge Onko-Logik

ALLES SCHIEN NUN erst einmal zu laufen: Vom Krankenhaus aus sollte Mutti also nun zur Chemotherapie und danach direkt vor, dort per Krankentransport in den Rosengrund zur Kurzzeitpflege gebracht werden. Ein perfekter, zahnradartig ineinandergreifender Plan. Genial. Fast zu schön, um wahr zu sein. Und so war es denn auch …

Ich rief beim Onkologen an, um eben diesen eben genannten Plan dort kundzutun. »Hä?«, sagte die Arzthelferin am Telefon, »das Krankenhaus hat den Termin für Ihre Mutter doch auf deren Wunsch gestern abgesagt. Sie wollte sich noch etwas erholen und dann wieder anrufen.«

Ich zertrümmerte meine Sonnenbrille.

»Sind Sie noch dran?«, fragte die Dame.

Ich bot alle Selbstbeherrschung auf, atmete einmal tief durch und sagte gepresst: »Dies ist ein Missverständnis. Meine Mutter wird morgen erscheinen. Ganz bestimmt. Und danach kommt sie direkt ins Seniorenzentrum Rosengrund, das …«

»Ja, das kennen wir«, unterbrach sie mich. »Gut, ich nehme den Termin wieder rein, aber dann wird

Ihre Mutter länger warten müssen. Denn das Mittel wird frisch in einer Apotheke angemischt und hierhergeliefert. Das muss jetzt neu organisiert werden. Und vorher sind andere dran.«

»Macht nix«, sagte ich, »Hauptsache, wir kriegen das morgen hin.«

Ich wurde noch einmal daran erinnert, dass unsere Mutter etwas zu essen, zu trinken sowie eine warme Decke mitbringen solle. Es würde ja, wie gesagt, alles etwas dauern. Ich versprach, mich darum zu kümmern.

Das anschließende Telefonat mit meiner Mutter verlief, nun ja, sagen wir mal etwas unterkühlt. Zum Glück hatte mich meine Frau vor dem Gespräch noch wieder etwas in die Spur gebracht. »Traute hat halt Angst«, sagte sie, »das musst du verstehen. Auch, wenn das jetzt blöd war, wo du alles so schön organisiert hast.«

Blöd, ja, das war es. Saublöd. Ich bebte immer noch.

»Geh mal raus und hacke etwas Holz«, riet mir Gesa.

Ich hatte ein Einsehen, aber erst nachdem ich wirklich sehr heftig im Garten Holz gehackt hatte.

Am Telefon brachte ich Mutti wieder in die Spur. Sie gab sich einsichtig und zerknirscht (»Manchmal mach ich Sachen ... also nee«). Aber sie musste da jetzt durch. Es gab keine Alternative.

Gerald brachte noch am Abend eine Decke und einen Fresskorb bei ihr vorbei. Jetzt war alles vorbereitet.

Am nächsten Morgen fuhr ich vor der Arbeit noch in den Rosengrund, um alle nötigen Formalitäten zu klären, als mein Handy klingelte.

Die onkologische Praxis war dran! Was hatte Mutti jetzt wieder angestellt? Den Arzt niedergestreckt? Die Schwester »fette Sau« genannt?

Aber nein. Es ging um allzu Menschliches.

»Also, Ihre Mutter sitzt jetzt hier und kommt nachher an den Tropf.«

»Ja, ich weiß«, antwortete ich.

»Haben Sie denn auch an die Vorlagen gedacht?«

»An die was?«

»Vorlagen. Manche Leute sagen auch Windeln. Aber wir benutzen diesen Ausdruck nicht.«

»Nein«, antwortete ich ermattet. »Ich habe nicht an die Vorlagen gedacht. Und es hat mir auch niemand gesagt, dass ich an die … äh … Vorlagen denken soll.«

Schweigen in der Leitung.

»Na, das ist ja jetzt blöd«, fuhr die Arzthelferin fort.

»Warum?«, fragte ich heiser.

»Na, Ihre Mutter hängt ja gleich lange am Tropf und kann dann nicht zur Toilette gehen. Sie ist ja auch sehr schwach. Da ist es besser, sie hat Vorlagen.«

»Ja, und was soll ich nun machen?«, fragte ich. »Hier alles stehen und liegen lassen, in ein Geschäft rennen, Erwachsenenwindeln kaufen und Ihnen eine Großpackung vorbeibringen, statt zur Arbeit zu gehen?«

»Ja, wenn's Ihnen nichts ausmacht.«

Ich wurde jetzt sehr wütend.

»Gute Frau«, fuhr ich fort. »Das macht mir aber was aus. Ich habe für eine Decke gesorgt und für Essen und Trinken. Meine Mutter ist pünktlich bei Ihnen angekommen. Von Vorlagen war nie die Rede, und ich muss jetzt zur Arbeit, und ich wette, dass Sie diese Situation kennen und damit fertig werden. Auf Wiederhören.«

Ich legte auf.

Es war besser so, denn sonst hätte ich mich vergessen. Ich hatte in letzter Zeit wirklich eine ziemlich kurze Zündschnur.

Es ging übrigens alles prima ohne unsere Vorlagen. Natürlich hatten sie welche in der Praxis. Aber man versucht's halt.

Fünf Stunden später rief die Dame wieder an und informierte mich, dass unsere Mutter nun unterwegs in den Rosengrund sei. Vielleicht nur ein Zwischenaufenthalt für sie. Vielleicht aber auch die letzte Station ihres Lebens.

# Meine Eltern – Wie alles anfing

MEINE ELTERN HATTEN SICH Mitte der fünfziger Jahren in Kiel kennen gelernt. Mein Vater war damals Bühnenmaler am Kieler Theater, und er spielte Schlagzeug und Xylophon in einer Jazzband. Ein Künstlertyp mit viel Charme »und dem Schalk im Nacken«, wie unsere Mutter immer sagte. Sie arbeitete in Kiels größtem Schallplattengeschäft. Eines Tages kaufte mein Vater dort ein. Meine Mutter bediente ihn, und so fing alles an. Die Musik hatte sie zusammengebracht, und die Musik sollte sie ihr ganzes gemeinsames Leben weiter begleiten. Dass sie dieses Leben gemeinsam verbringen wollten oder mussten, war nämlich schnell klar. Denn meine Mutter wurde praktisch sofort schwanger. Also wurde geheiratet. Mein Vater verdiente allerdings nicht sehr gut am Theater, und so zog die junge Familie nach der Geburt von Cornelia zu meinen Großeltern mütterlicherseits. In eine Zweizimmerwohnung mit Toilette im Treppenhaus! Meine Großeltern Alma und Max Beckmann (ja, so hieß er wirklich, mein Opa) waren im Grunde ihres Herzens nette Leute, doch meinen Vater hielten sie für keine gute Wahl. Dieser Hallodri vom Theater, der irgendwo in Jazzkellern auf Trommeln herumklopfte. Sie machten ihm das Leben nicht allzu leicht in der kleinen Wohnung, und er erzählte mal, dass er damals oft »wahnsinnig viel schlucken musste«. Mein Opa konnte auch ziemlich gut austeilen. Max Beckmann war Bahnpolizist gewesen und immer noch eine Respektsperson. Und er hatte seine Überzeugungen. Die Nazis hatten ihn nicht dazu gebracht, in die Partei einzutreten, was ihm einige Schwierigkeiten bereitete. Opa war ein knorriger, teilweise herrischer Mann und zudem Kettenraucher. Ich war oft zu Besuch bei meinen Großeltern in Kiel und fühlte mich dort sehr wohl. Ihren Enkeln ließen sie nämlich alles durchgehen. Eines der typischen Geräusche, das ich mit meinen Großeltern verband, war der massive Raucherhusten meines Opas. Donnernd und gurgelnd arbeitete sich dieser Husten wie ein Lavastrom aus den Tiefen seiner Lungen empor, um als eruptives Bellen die ganze Wohnung zu erschüttern.

Max Beckmann und Gerhard Schlenz – das war und wurde keine harmonische Beziehung. Aber eine eigene Wohnung konnte sich das junge Paar nicht leisten. Und zu Papas Eltern konnten die beiden auch nicht. Mein Vater hatte noch vier Brüder. Er war der Älteste, und er hatte nicht vor, mit seiner Frau wieder zuhause einzuziehen. Meine Großeltern väterlicherseits wohnten am noblen Kieler Hindenburgufer. Aber leider gehörte ihnen die schöne, große Villa nicht. Das Gebäude war das Wohnheim einer Studentenverbindung, und meine Großeltern bewirtschafteten es, bekamen ein Gehalt und durften dort mit ihren fünf Söhnen wohnen. Friedel Schlenz kochte, wusch und putzte, und Richard Schlenz war der Hausmeister und zudem eine Art Sanitäter. Es handelte sich nämlich um eine schlagende Studentenverbindung. Im großen Saal fand regelmäßig die Mensur, der rituelle Degenkampf, statt, und Richard Schlenz versorgte immer die Wunden. Genäht wurde selten. Die Mensur sollte ja gerade Narben hervorbringen. Bescheuert, aber so wollte es das Reglement der Verbindung.

Ich war als Kind regelmäßig zu Besuch am Hindenburgufer und fand das große Haus mit den vielen Zimmern und dem Fechtsaal mit den ganzen Degen an der Wand natürlich sehr spannend. Ich weiß noch, wie ich mich einmal in das Zimmer eines Medizinstudenten schlich und dort mit einer Mischung aus Faszination und Grusel auf dessen Schreibtisch einen Totenschädel bestaunte.

Meine Großeltern bewohnten aber mit ihrer großen Familie nur einen kleinen Teil des Hauses im Dachgeschoss, also war auch dort kein Platz für Gerhard und Traute Schlenz mit ihrer kleinen Cornelia.

Die Lösung war ausgerechnet die frisch gegründete Bundeswehr! Die bot dem jungen Vater, falls er Berufssoldat würde, sofort eine Wohnung und ein ordentliches Gehalt an. Ohne mit der Wimper zu zucken, verpflichtete sich Gerhard Schlenz. Er wollte nur noch raus aus der Wohnung seiner Schwiegereltern. Ein verständlicher Wunsch und trotzdem der größte Fehler seines Lebens. Das Militär, die strenge Hierarchie, das ganze Gebrülle und all die lauten, harten Kerle passten nicht zu Papa, der eigentlich ein sensibler Künstler war. Aber so kehrte er dem Theater den Rücken und wurde Soldat. Und er machte einen harten Schnitt. Er hat nie wieder ein Schlagzeug angerührt und sich seinem Schicksal ergeben. Übrig blieb nur seine Leidenschaft fürs Malen. Stundenlang saß er zuhause mit Pinsel und Papier an seinem Schreibtisch. Er schuf sehr schöne Aquarelle und malte bis kurz vor seinem Tod.

# Als ich von der Weltrevolution träumte …

1958 WURDE ICH GEBOREN, 1961 mein Bruder. Die junge Familie zog erst nach Boostedt, dann nach Schleswig und schließlich nach Wentorf bei Hamburg. Die Umzieherei fanden meine Geschwister und ich – wie alle Soldatenkinder – ätzend: neue Umgebung, neue Schule, neue Freunde finden. Das kannten wir alle nur zu gut und hassten es. Ich habe meine Kindheit und frühe Jugend stets in der Nähe von Kasernen verbracht. Die Freunde meiner Eltern und all unsere Nachbarn waren Soldaten, und es waren etliche unangenehme, vierschrötige Typen darunter. Außerdem war der ganze Verein ziemlich rechtslastig. Meine Eltern waren beide Sozialdemokraten und galten bei vielen Kollegen meines Vaters als »rote Socken«.

Mein Bruder und ich haben später beide den Kriegsdienst verweigert. Mein Vater konnte gut damit leben. In den Scheißladen gehört ihr nicht, sagte er. Mutti fand das auch in Ordnung, aber in Uniform, so gab sie zu, hätte sie uns trotzdem gern mal gesehen.

Papas »Kameraden« schüttelten natürlich die Köpfe: zwei linke Söhne, also so was.

Mein Vater hatte in den siebziger Jahren unter anderen die Funktion eines Alarmplan-Bearbeiters. Immer wenn probeweise NATO-Alarm ausgelöst wurde, hatte er spezielle Aufgaben in einem gesicherten Raum. Deshalb wurde er regelmäßig vom Militärischen Abschirmdienst (MAD) durchleuchtet. Ich verbrachte damals beinahe meine gesamte Freizeit in einem linken Jugendzentrum im Nachbardorf, träumte von der Weltrevolution, las den »Arbeiterkampf« und sah mich als Kommunist, obwohl ich eigentlich von Tuten und Blasen keine Ahnung hatte. Karl Marx' »Kapital« hatte ich nach zwei Seiten abgebrochen und das »Kommunistische Manifest« nur flüchtig durchgelesen. Aber ich fand Che Guevara toll. Von dem hatte ich ein Poster überm Bett. Das besagte Jugendzentrum schien aber die Sicherheitsbehörden nicht ganz kaltzulassen. Eines Tages gab es wieder mal ein Gespräch mit einem der Herren vom MAD, und der sagte plötzlich zu meinem Vater: »Wissen Sie eigentlich, was Ihr Sohn Kester so treibt?«

»Wie meinen Sie das?«, fragte mein Vater.

»Sie wissen doch, dass er im Vorstand dieses Jugendzentrums ist, das von Kommunisten unterwandert ist …«

»Ja, das weiß ich«, sagte mein Vater.

»Das ist nicht gut«, antwortete der Mann vom MAD.

»Und was soll ich Ihrer Meinung nach machen?«, fragte mein Vater. »Soll ich ihn erschießen?«

Der Mann vom MAD schwieg betreten.

»Der Junge ist volljährig«, fuhr mein Vater fort, »und ich hoffe, er kommt irgendwann wieder zu Besinnung. Aber das muss er von selber schaffen. Verbieten kann und will ich ihm das nicht.«

Das Gespräch war schnell zu Ende. Das Thema wurde nie wieder vom MAD angesprochen. Ich fand es sehr cool, wie Papa damals reagiert hatte. Kommunist war ich übrigens nicht mehr sehr lange.


Als Kind hatte ich natürlich einen ganz anderen Blick auf die Bundeswehr. Ich war stolz, dass mein Vater Panzerkommandant war. Wenn er mit seinen Kameraden ins Manöver fuhr, winkten wir vom Balkon aus, wenn die schweren Haubitzen donnernd die Hauptstraße entlangfuhren, an der auch unser Mietshaus lag. Und Papa saß in der offenen Luke seines Panzers und winkte zurück. Damals war uns Jungs überhaupt nicht bewusst, dass er eine Vernichtungsmaschine fuhr. Ein einziges Mal durfte ich sogar in einem Panzer mitfahren. Das war am Nikolaustag 1968. Ich war damals zehn Jahre alt. Die ganz kleinen Kinder der Soldaten sollten in der Kaserne vom Nikolaus mit Süßigkeiten beschenkt werden. Und in diesem Jahr hatte mein Vater den Job übernommen, und ich war sein Gehilfe. Die Kinder saßen gespannt in der Kantine der Kaserne. Die hinteren Schiebetüren waren geöffnet, und dröhnend rollte ein Schützenpanzer der Marderklasse langsam rückwärts an die Kantinentüren heran. Drinnen saßen Papa und ich. Die hintere Luke des Marders öffnete sich, und der weißbärtige Nikolaus und sein kleiner Gehilfe stiegen mit ihren Geschenkesäcken aus und schritten huldvoll in die Kantine, um die Kinder zu beschenken. Niemand schien damals das Makabere der Situation zu erkennen, den gutmütigen Nikolaus aus einem Kampfpanzer klettern zu lassen.

# Wie mein Bruder und ich beinahe Filmstars wurden

S ECHS JAHRE SPÄTER erreichte mich noch einmal der Ruf der Bundeswehr. Oder vielmehr: Er erreichte mich *nicht,* obwohl ich ihn sehr deutlich hörte. Ich war sechzehn und mein Bruder dreizehn. Eine britische Produktionsgesellschaft hatte sich an die Bundeswehr gewandt. Die Company verfilmte damals in Hamburg den Frederic-Forsyth-Roman »Die Akte Odessa«, der die Jagd eines Hamburger Journalisten auf einen Kriegsverbrecher und ehemaligen KZ-Kommandanten schildert. Der Film war voller Rückblenden in die Kriegsjahre, und die Filmemacher suchten Soldaten als Statisten. Mein Vater und rund fünfzig seiner Kameraden machten mit. Unter anderem wurden auch Jungs in unserem Alter gesucht, die Hitlerjungen darstellen sollten. 300 DM sollten wir jeder bekommen. Eine stattliche Summe, die uns die Erfüllung so manchen Wunsches ermöglicht hätte. Das Dumme war nur, dass Gerald und ich uns beide eine extrem uncoole Frisur hätten zulegen müssen. Zumindest für damalige Verhältnisse. Wir trugen beide damals lange Haare, die wir uns für die Rolle komplett hätten abrasieren müssen. Wir überlegten keine Sekunde. Diese fiese Nazi-Frisur kam für uns niemals in Frage. 300 Mark – schön und gut. Aber mehrere Monate das Gespött unserer Freunde und Klassenkameraden zu sein: Das war zu viel verlangt. Die Filmgeschichte musste auf uns verzichten.

Papa und seine Kameraden machten natürlich mit, wurden in Wehrmachtsuniformen gesteckt und hatten mehrere Drehtage in Hamburg. Die Erlebnisse auf dem Filmset waren für unseren Vater ein echtes Highlight. Er erzählte mit leuchtenden Augen davon. In gewisser Weise rissen sie aber auch alte Wunden wieder auf. Denn ein Hauch der künstlerischen Welt, die er als junger Mann so abrupt verlassen hatte, streifte ihn hier noch einmal.

Papa hat es uns sicherlich nicht immer leicht gemacht, weil er sehr unter seinem Job litt und oft unzufrieden war. Es war immer so eine Art Grundbrodeln in ihm, eine tief sitzende Wut. Fast nie ließ er sie an uns aus, aber wir spürten, dass wir ihn besser nicht reizen sollten. Einen Ausbruch dieser Wut wollte keiner von uns erleben. Die Bundeswehr war seine berufliche Heimat, er kam klar, aber er passte nie richtig in diesen Laden. Der Künstler in ihm war verschüttet. Er hatte ihn tief in sich vergraben, aber wenn er gut drauf war, konnte er wahnsinnig komisch sein. Viele seiner

Gags bringe ich bis heute. Papa war ein begnadeter Schöpfer komischer Ausdrücke. Immer, wenn er uns beim Toben hochhob und wieder aufs Sofa fallen ließ, rief er: »Hulljecho!« Es gibt auch ein legendäres Foto aus den fünfziger Jahren von ihm, wo er auf einem Faschingsfest als »Glöckner von Notre Dame« auf einem Tisch herumspringt. Das hängende Auge hatte er sich als ehemaliger Theatermann perfekt unters Jochbein geschminkt. Ganz großer Sport!

Fast sechzig Jahre waren meine Eltern verheiratet. Sie hatten gute und schlechte Zeiten, aber sie waren immer zusammen. Und nun musste meine Mutter ihren Weg allein weitergehen. Und dieser Weg führte sie jetzt in den Rosengrund.

# Wo sind Muttis Zähne?

Schon an Muttis erstem Abend im Rosengrund besuchten Gesa und ich sie. Wir klopften, hörten »herein«, traten ins Zimmer und erschraken.

Auf dem Bett im Raum saß Draculas Großmutter!

»Mein Gott, Mutti, was ist mit dir?«

Meine Mutter hatte keine Zähne mehr im Mund. Besser gesagt, ihre beiden Teilgebisse unten und oben fehlten. Lediglich zwei Metallstifte ragten links und rechts aus ihrem Oberkiefer heraus. Gespenstisch!

Mutti lachte etwas verschämt und hielt sich eine Hand vor den Mund. »Ich seh scheiße aus, oder?«

»Eher ein bisschen unheimlich«, antwortete ich.

»Wo hast du sie denn gelassen, Traute«, fragte Gesa ganz pragmatisch.

»Verloren«, antwortete sie. »Das untere Gebiss ist ja schon länger weg. Und vorhin im Krankenwagen habe ich eine Nusspraline gegessen und das Ding oben rausgenommen, weil es nach dem Essen wehtat. Und jetzt isses weg. Einfach weg.«

»Du machst Sachen«, sagte ich.

Da saß Traute Schlenz auf ihrem Bett, ohne Perücke, ohne Zähne, aber einigermaßen munter und kicherte.

»Aber das Ding muss doch irgendwo sein«, sagte ich. »Bist du sicher, dass du es nicht in der Tasche deines Morgenmantels hast?«

»Ich bin krank, aber nicht bescheuert«, protestierte meine Mutter. »Das wüsste ich doch, wenn ich das da reingesteckt hätte. Die Zähne müssen noch im Krankenwagen sein.«

Ich ging raus zu den Schwestern und erklärte ihnen die Lage.

»Hmm. Zähne weg«, sagte die eine und nickte. »Das kennen wir. Das passiert hier oft. Meistens finden wir die irgendwo an unmöglichen Orten wieder. Zum Beispiel in Blumentöpfen, aber wenn die im Krankenwagen liegen, ist das Mist.«

»Und warum?«, fragte ich.

»Weil der jeden Tag gereinigt wird. Und die gehen da mit so großen Saugern durch.«

Ich sah die obere Kauleiste meiner Mutter vor meinem geistigen Auge in einem riesigen Rohr verschwinden. Mist!

Die Schwestern gaben mir die Nummer des Krankentransportdienstes, den ich morgen anrufen wollte. Außerdem boten sie mir an, einen Termin für meine Mutter beim Hauszahnarzt zu machen, der einmal in der Woche vorbeikäme. Ich willigte ein. Gesa kam nun auch dazu, und schließlich standen wir alle draußen auf dem Gang der Station eins des Rosengrundes und fragten uns, ob die Zähne meiner Mutter wohl jemals wieder auftauchen würden.

Die Tür zu Muttis Zimmer ging auf. Erst sahen wir den vorderen Teil des Rollators, dann schob sich meine Mutter zur Gänze hinaus auf den Flur. Und in ihrem Mund steckte – etwas schief und sehr locker – ihr oberes Gebiss.

»Guckt mal, hab ich gefunden«, sagte sie etwas undeutlich. »Aber das flutscht immer wieder raus, das Scheißding. Ich krieg das nicht fest.«

»Mensch, Mutti«, rief ich. »Wo hattest du denn deine Zähne?«, fragte ich.

»In der Tasche von meinem Morgenmantel. Da hatte ich noch nicht nachgeguckt.«

Gesa und ich sahen uns an, rollten mit den Augen und grinsten. Jeder weitere Kommentar war hier überflüssig.

Schwester Ramona, die meine Mutter aus unerfindlichen Gründen stets Pamela nannte, schob Traute sanft wieder ins Zimmer. »So, dann wollen wir mal schauen, wie wir Ihr Gebiss wieder reinkriegen.«

»Kester, willst du mal probieren?«, fragte meine Mutter und hielt mir Oma Draculas Fangzähne hin.

»Ach nee, Mutti«, antwortete ich. »Lass das mal die Profis wie Ramona machen.«

»Ja, Pamela kann das bestimmt«, sagte Mutti.

## Mit »Porücke« und Gebiss sieht man halt schicker aus

Ramona spülte und desinfizierte die obere Zahnreihe und mühte sich redlich, diese meiner Mutter in die beiden Metallstifte im Oberkiefer zu drücken. Vergeblich. Immer wieder flutschte das Gebiss raus. Das Ganze sah schon recht seltsam aus: Gesa und ich standen um ihr Bett herum, Mama saß darauf, und Ramona hockte vor ihr und drückte, schob und zerrte an ihrem Mund herum.

»Bitte nicht beißen«, bat Ramona.

»Nee«, versprach Mutti. Dann sagte sie noch etwas, was aber keiner verstand.

»Mist«, stöhnte Ramona schließlich nach etlichen Versuchen. »Ich krieg's irgendwie nicht hin, und ich will Ihnen ja auch nicht wehtun, Frau Schlenz.«

»So eine Scheiße«, antwortete Traute.

Und während wir uns fragten, ob nun wohl doch der Zahnarzt kommen müsse, machte sich meine Mutter einen kleinen Spaß. »Guckt mal«, sagte sie und schob mit ihrer Zunge langsam die Zahnleiste heraus aus ihrem Mund. Dazu machte sie gruselige Geräusche. Es war wirklich eine skurrile Situation. Wir mussten alle sehr lachen. Und dieses gemeinsame Lachen war einfach wunderbar, weil es der ganzen Situation das Peinliche nahm. Ich glaube, dass Humor die wichtigste Waffe im Kampf gegen die Verzweiflung, das Hadern und die Scham ist.

Irgendwann packte meine Mutter schließlich ihre Zähne, brummte: »Jetzt hab ich aber die Schnauze voll«, schob sie sich in den Mund, machte eine schnelle Bewegung und – klack – saßen sie fest, als ob es das Selbstverständlichste auf der Welt wäre.

Wir waren sprachlos. »Siehst du, Pamela, so geht das«, lachte Mutti, stand auf, setzte sich ihre »Porücke« auf und ging raus auf den Gang.

»Wo willst du denn jetzt hin?«, fragte ich.

»Ins Schwesternzimmer«, antwortete Mutti, »mich den anderen Pflegern im neuen Look vorstellen.«

Und das machte sie dann auch. Ramona, Gesa und ich gingen hinterher, und Ramona fand es sehr lustig, dass ihre Kollegen meine Mutter erst einmal nicht sofort erkannten. Mit Perücke und Zähnen sieht man halt doch ein wenig anders aus als ohne beides.

Jetzt musste nur noch die untere Zahnreihe gefunden werden, um Mutti wieder komplett zu machen. Tatsächlich gelang das. Denn als Gesa rund eine Woche später in der Wohnung meiner Mutter ein paar

Sachen für sie zusammensuchte, stieß sie in einer Schublade auf das fehlende Gebiss, das sie aus einer Schmuckdose heraus anlächelte.

Mutti war überglücklich. Endlich wieder überall Zähne!

# Auf Kriegsfuß mit dem Telefon

MUTTI LEBTE SICH schnell ein im Heim. Sie war zwar immer noch ziemlich wackelig, aber weil sie nun genug trank und aß, nie zu viele Medikamente nahm und regelmäßigen Kontakt zu anderen Menschen hatte, ging es ihr von Tag zu Tag besser. Die erste Chemotherapie hatte sie gut vertragen. Weder fielen ihr die verbliebenen Haare aus, noch hatte sie irgendwelche neurologischen Ausfälle. Die Perücke setzte sie allerdings nun gar nicht mehr auf, was mich sehr wunderte. Früher war sie nie »oben ohne« gegangen. Mutti erklärte mir den Grund. Da ihre kranken Augen so empfindlich waren, trug sie meistens eine Sonnenbrille. Und irgendwann, so erzählte sie, sei Pamela ins Zimmer gekommen, habe laut gelacht und gesagt: »Traute, so wie du da mit deiner Perücke und der Sonnenbrille auf dem Bett sitzt, siehst du aus wie Atze Schröder.«

Mutti wollte nicht wie Atze Schröder aussehen. Ich verstand das nicht. »Ist ein guter Mann«, sagte ich. »Sehr lustig, eigentlich deine humoristische Kragenweite.« Aber Mutti fand es nun mal doof, dass Ramona/Pamela meinte, sie sähe aus wie ein

Mann, der auf der Bühne lustige Geschichten erzählt. Also wurde Fiffi wie ein totes Wiesel in die untere Schublade ihres Nachtschranks gestopft und dort vergessen.

Eigentlich war die Situation im Rosengrund für alle einigermaßen zufriedenstellend, was nicht hieß, dass sich unsere Mutter nicht in bester Traute-Schlenz-Manier über irgendwen oder irgendwas furchtbar ärgern konnte. Sie wollte zum Beispiel anfangs nicht mit den anderen Gästen zusammen essen, sondern lieber auf ihrem Zimmer. »Diese Leute hier sind furchtbar«, war ihre Begründung. »Einer heißt Franz, und der kommt immer rein in den Essenraum, frisst wie ein Scheunendrescher und geht wortlos wieder. Und diese Alma streicht dauernd Brote und vergisst sie zu essen. Stattdessen starrt die aus dem Fenster. Da ess ich lieber alleine.«

Was sie dann auch tat. Und das mit Inbrunst. Essen, das war für sie jetzt Thema Nummer eins. Wenn wir anriefen, hörten wir zuerst immer von ihr, was es zum Mittag gegeben hatte, morgen geben würde und was sie sehr gern mal wieder essen würde, es aber »in dem Scheißladen« nicht gab.

Manchmal war es aber auch zu viel des Guten. »Ich hatte heute Durchfall«, hieß es dann. »Ich hätte wohl gestern die Frikadellen nicht essen sollen. Und heute

Nachmittag die Schokoladentorte hätte ich wohl besser auch weggelassen.«

Wenn die Dame mit dem Essen kam, bestellte sie reumütig Brühe und Zwieback. Um mir dann wenig später zu offenbaren, dass sie Zwieback hasse. Den könne sie ja mit ihrem Gebiss nicht essen.

»Aber warum hast du ihn dann bestellt, Mutti?«

»Ich hatte Appetit drauf.«

Es war sinnlos, diese spezielle Logik zu hinterfragen.

Geistig war Mutti bei aller Krawallbereitschaft immer noch nicht ganz auf der Höhe. Immer wieder hatte sie zwischendurch mal Aussetzer und Wortfindungsschwierigkeiten. Das ärgerte sie immer sehr, aber meist kam sie irgendwann doch auf das gesuchte Wort, was mich wiederum beruhigte. Ein Abgleiten in eine Demenz schien fürs Erste nicht zu drohen. Mutti konnte vielmehr regelrecht taktisch vorgehen.

Einmal, als ihr wie gewohnt eine Frau das Essen brachte und ich grad zu Besuch bei ihr war, bedankte sie sich überschwänglich.

»Das sind ja ganz neue Töne, Mutti«, staunte ich.

»Du hast doch gesagt, ich soll freundlicher sein. Siehst du, das kann ich auch«, antwortete sie.

Kaum war die Tür zu und die Schwester wieder draußen, schob sie hinterher: »Aber ein bisschen dämlich ist die schon.«

114

Auf dem Kriegsfuß stand sie weiterhin mit ihrem Telefon.

»Warum bist du denn nicht ans Telefon gegangen?«, fragte ich sie bei einem meiner Besuche. »Ich habe x-mal bei dir angerufen.«

»Ich kann das Scheißhandy nicht mehr bedienen«, war die Antwort.

»Aber du musst doch nur den grünen Knopf drücken, wenn es klingelt.«

»Ja, finde den mal, diesen dämlichen Knopf.«

»So«, rief ich entschlossen. »Das probieren wir jetzt gleich mal hier aus. Ich rufe dich jetzt an.«

Es klingelte.

Mutti zuckte zusammen. »Wer mag das denn jetzt sein.«

»Na, ich. Ich hab doch grad gesagt, dass ich anrufe. Ich hab doch mein Handy hier in der Hand.«

»Ach so, ja. Wo ist denn jetzt der grüne Knopf?«, fragte sie. »Da?«

»Nein, du musst am unteren Teil des Telefons drücken. Guck, hier.«

Meine Mutter fummelte an dem Gerät herum.

»Mutti, der grüne Knopf. Zeig mal, wo er ist!«

»Examiniere mich nicht, mein Sohn.«

»Was soll ich nicht?«

»Immer so blöd fragen.«

115

»Dann willst du also nicht mehr mit uns telefonieren?«

»Doch!«

»Und wie soll das gehen, wenn du nicht rangehst?«

»Weiß ich doch nicht. Mit deinem Bruder kann ich telefonieren. Das geht nur bei dir nicht.«

# Der Zwischen-Fall

So VERGINGEN EINIGE TAGE. Wir besuchten unsere Mutter regelmäßig im Rosengrund. Sie erweiterte langsam ihren Aktionsradius etwas und verließ auch mal das Zimmer. Ab und an begleiteten wir sie bei ihren Rollatorreisen durch die Gänge. Einmal schauten wir auf einen Schwatz im Schwesternzimmer vorbei. Wir plauderten nett mit den Pflegekräften, die gerade einen Kaffee tranken. Mutti war etwas wackelig, aber durchaus sendungsbewusst. »Na, ihr lasst es euch ja hier gut gehen. Eure Kekse sehen besser aus als die Bremsklötze, die wir kriegen.«

Die Schwestern lachten. Eigentlich eine relativ normale Situation, wenn da nicht in der Ecke des Zimmers eine sehr betagte Dame auf einem Rollator gesessen hätte, deren Kopf schief zur Seite hing. Ihr Blick ging ins Leere. »Guten Abend«, grüßte ich in ihre Richtung. Die Frau reagierte nicht. »Die kriegt nix mit«, sagte eine der Schwestern. »Aber es tut ihr irgendwie gut, hier bei uns zu sein.«

Ich fand das irgendwie rührend und schwieg nachdenklich. Was für eine besondere kleine Welt das hier war, die beinahe nichts mehr mit dem zu tun hatte, was sich draußen abspielte. Hier gingen die Uhren anders. Und es ging um andere Dinge. Durch die Glastür sah ich, dass draußen auf dem Gang ein sehr gebeugter Mann mit Hut über den Flur schlich und schimpfte. »Na, dem erzähle ich was, also, das geht ja nun gar nicht …«

Auf wen und warum er schimpfte, blieb sein Geheimnis. Er war als »notorischer Motzer« berüchtigt und kreiste unablässig um sich und seinen ziellosen Ärger.

Am Schwarzen Brett des Schwesternzimmers hingen zahlreiche Zettel mit Angeboten für die Patienten. Eines war die »Erinnerungsgruppe«, die einmal in der Woche Methoden zum Gedächtnistraining anbot. Dumm nur, dachte ich, wenn man als Bewohner dort hinwollte, dann aber den Termin vergaß.

Man konnte in dem Heim auch basteln, zusammen ferngucken oder zur Sturzprophylaxe gehen. »Da solltest du mal hin, Mutti«, sagte ich und zeigte auf den entsprechenden Zettel. »Nee«, antwortete sie, »das ist ein Stockwerk tiefer, ganz hinten. Nachher fall ich auf dem Weg dahin noch auf die Schnauze.«

Unsere Mutter war nicht so ohne weiteres für die verschiedenen Angebote zu begeistern. Von der Fußpflege mal abgesehen. Da wollte sie schon gern hin. »Ich war so lange nicht da«, brummte Mutti, »ich glaub die Frau muss eine Flex mitbringen.« Die Schwestern kicherten. Ich versprach meiner Mutter etwas gequält lächelnd, für sie einen Termin zu machen.

»Aber hier«, insistierte ich und zeigte auf einen weiteren Zettel. »Dieser regelmäßige Filmabend. Das klingt doch nett. Da hast du Gesellschaft.«

»Da war ich letzte Woche schon«, sagte Mutti. Da haben sie ›Kohlhiesels Töchter‹ gezeigt. Mit Lilo Pulver. So einen alten Scheiß guck ich nicht. Da hör ich lieber Radio.«

Und das tat sie dann auch ausgiebig. Traute war grundsätzlich nicht begeistert von ihrer Situation, schien sich aber insgesamt gut zu erholen und gewöhnte sich mit jedem Tag mehr an das Heim. Bald stand der zweite Termin zur Chemotherapie an. Die Blutwerte meiner Mutter sprachen nach Aussage ihres Onkologen nicht dagegen.

Es lief also alles ganz gut. Aber immer wenn ich das dachte, passierte wieder etwas. Und so war es auch diesmal.

Eines Abends klingelte das Telefon. Ramona vom Rosengrund war dran. »Ihre Mutter ist im Schwesternstift. Sie ist auf dem Weg ins Bad gefallen. Zwar ist sie ansprechbar gewesen, aber sie hat eine dicke Beule am Kopf, und zur Sicherheit haben wir sie ins Krankenhaus gebracht. Wir müssen abklären, ob sie eine Gehirnerschütterung hat. Sie ist auf der Station sechs.«

## »Und – zack – lag ich auf der Schnauze.« Mutti rekonstruiert ihren Unfall

EINES HABE ICH JA schnell gelernt: nie überstürzt ins Krankenhaus fahren. Immer erst einmal anrufen! Das tat ich nun auch in diesem Fall, und tatsächlich: Ich erfuhr, dass meine Mutter recht munter war und in Kürze wieder zurück in den Rosengrund gebracht werden sollte. Sie sollte sich schonen und beobachtet werden, aber die Untersuchungen hätten ergeben, dass es mit hoher Wahrscheinlichkeit keine Gehirnerschütterung oder gar ein Schädelbasisbruch oder Ähnliches sei. Zudem habe die Patientin auch sehr deutlich gemacht, dass sie nach Hause wolle. Ich zuckte kurz zusammen, aber dann stellte sich heraus, dass Mutti mit »nach Hause« den Rosengrund meinte. Kein schlechtes Zeichen, dachte ich. Sie schien sich wirklich an den Laden zu gewöhnen.

Eine Stunde später rief ich bei ihr auf dem Handy an. Stimmengewirr.

»Ja«, hörte ich meine Mutter sagen.

Es waren anscheinend gerade eine Menge Leute bei ihr im Zimmer.

»Ich bin's, Kester.«

»Ah, ja, mein Junge. Ich war im Krankenhaus.«

»Ich weiß.«

»Ich bin völlig fertig.«

»Aber dir geht es den Umständen entsprechend gut, oder?«

»Mir geht es beschissen. Ich hab zwei Beulen am Kopf.«

»Wie ist denn das passiert, Mutti?«

»Vorm Bad. Ich wollte rein, und dann hat mich irgendwas nach hinten gezogen. Und – zack – lag ich auf der Schnauze. Nee, nicht auf der Schnauze. Mehr hinten auf der Birne.«

»Wie? Wer hat dich nach hinten gezogen?«

»Keiner. Ich war ja allein im Zimmer. Aber das war, als ob mich einer nach hinten gezogen hätte.«

Ich hörte die Stimme einer Schwester. »Mit wem telefonierst du denn da? Mit deinem Hausfreund?«

Meine Mutter lachte, brummte: »Auf Wiedersehen«, und legte auf.

»Sie hat einfach aufgelegt«, sagte ich etwas perplex zu meiner Frau.

»Egal«, antwortete Gesa. »Sie hat keine Gehirnerschütterung. Das zählt. Fahr einfach morgen hin.«

# Wir kriegen den Pflegestufen-Blues

MUTTI ERHOLTE SICH nach ihrem Sturz wieder einigermaßen, aber sie war dennoch merklich hinfälliger. Das Ganze hatte sie doch mehr mitgenommen, als sie zugeben wollte. Der zweite Chemo-Termin rückte näher. Ich rief einen Tag vorher beim Onkologen an, um den Termin noch mal zu bestätigen. Alles gut, hieß es. Zur Sicherheit checkte ich auch noch mal im Rosengrund, ob der Krankentransport avisiert sei und ob sie auch an die warme Decke und das Essen gedacht hätten. Auch da grünes Licht. Jetzt konnte eigentlich nichts mehr passieren. Am nächsten Morgen um 7:30 Uhr kam der Anruf aus der onkologischen Praxis. »Wir erreichen Ihre Mutter nicht. Es muss noch mal bestätigt werden, dass sie auch wirklich kommt. Sonst liefert die Apotheke das Medikament nicht aus.«

»Wo haben Sie denn angerufen?«, fragte ich.

Die Dame am Telefon nannte mir eine Telefonnummer. Es war der Anschluss der Wohnung meiner Mutter. Da, wo sie schon seit Wochen nicht mehr wohnte!

Nach einem kurzen, nonverbalen Wutanfall klärte ich die Dame auf. Ich wies noch einmal darauf hin, dass man bitte mich oder meinen Bruder in einem solchen Fall auf dem Handy anrufen möge, und bestätigte, dass meine Mutter in Kürze von einem Krankentransport gebracht werden würde.

Ich war fassungslos. Warum konnte eine so simple Sache nicht einfach mal klappen? Meine Mutter hatte, wie jede Patientin, eine Akte. Und darin lag ein Zettel mit meiner und Geralds Handynummer zur direkten und schnellsten Kontaktaufnahme. Aber es schien ein Ding der Unmöglichkeit zu sein, diesen Zettel anzuschauen und uns anzurufen. Stattdessen kramte irgendjemand in der onkologischen Praxis mit sicherer Hand eine alte Nummer heraus und rief dort vergeblich an. Das war ja irgendwie auch schon wieder eine beachtliche Leistung. Schließlich musste man die falsche Nummer ja auch erst mal irgendwo finden.

Es hat am Ende alles geklappt. Es kamen auch keine Anrufe mehr wegen fehlender Vorlagen etc. Kurz nach dem Mittagessen war meine Mutter wieder im Rosengrund. Erschöpft, aber einigermaßen stabil, wie ich am Telefon erfuhr.

Später bei einem Besuch überraschte uns Mutti mit einer neuen Frisur. Die Pfleger hatten ihr einen kleinen Zopf gemacht, den sie mit einem Gummiband so fixiert hatten, dass er ein wenig hochstand. Mutti fand das witzig. Es gab ihr was Keckes. Fiffi, ihre

Perücke, lag derweil einsam in der Schublade ihres Nachtschranks.

Mittlerweile hatten meine Geschwister und ich uns in die Untiefen der Pflegeversicherung eingearbeitet. Wir stellten einen Antrag bei der Krankenkasse auf dauerhafte Erteilung der Pflegestufe eins und eine vollstationäre Pflege. Seit Anfang dieses Jahres gibt es ein neues, fünfstufiges System mit verschiedenen Pflegegraden, aber damals galt noch das alte mit den drei Pflegestufen. Man bestätigte uns am Telefon den Eingang des Antrages und versprach, dass in Kürze eine Gutachterin des Medizinischen Dienstes unsere Mutter besuchen und begutachten würde. Nein, nein, lange würde das nicht dauern. Von wegen. Wir hörten eineinhalb Monate nichts!

Dafür kamen Rechnungen. Vom Rosengrund, von der Krankenkasse, vom ambulanten Pflegedienst, von »Essen auf Rädern« etc. Einige lagen im Briefkasten meiner Mutter, andere bekam meine Schwester, andere wieder mein Bruder, und weitere wurden meiner Mutter ausgehändigt. Es war ein ziemliches Chaos, an dem wir allerdings selber schuld waren. Meine Mutter wurde halt von drei Satelliten umkreist, die sich um irgendwas kümmerten und alle bevollmächtigt waren. Mein Bruder musste als Finanzminister alles sammeln und bezahlen.

Er war ja zudem auch der Haupt-Telefonbeauftragte und hatte da einiges durchzustehen. Aber es war nun mal so, dass das Telefon Muttis Tor zur Außenwelt war. Deshalb war das neben dem Essen ihr Thema Nummer eins. Und dem widmete sie sich mit einer neuen und perfiden Trial-and-Error-Methode.

Ein Telefonat mit ihr lief nun meist so ab:

Sie rief bei einem von uns an und fragte: »Wer ist denn da?«

»Ich bin's, dein Sohn.«

»Ja, was ist?«

»Du hast doch angerufen, Mutti.«

»Was? Ja, genau.«

»Und warum, Mutti?«

»Das Scheißhandy funktioniert nicht.«

»Aber es geht doch.«

»Ja, ich wollte nur wissen, ob Gerald heute kommt.«

»Das weiß ich nicht, Mutti. Ich bin ja Kester. Da musst du ihn wohl selbst fragen. Ruf ihn doch an.«

»Ich kann ja nicht anrufen. Mein Handy funktioniert nicht.«

»Aber du rufst doch gerade mich an.«

»Ja, Scheißhandy, nicht?«

# Früher, als ich Zivi war. *Teil 2*

*Ein paar Monate später sah ich meine erste Leiche. Auf einer Station war viel zu tun, und als ich den Wäschewagen brachte, bat mich eine der Schwestern, mit ihr eine verstorbene Frau in die Leichenhalle zu bringen. Ich wollte eigentlich nicht, mochte aber auch nicht nein sagen. Also gingen wir in das Zimmer, deckten die Leiche der Frau zu und schoben das Bett schnell in den Fahrstuhl. Wir fuhren runter in die Leichenhalle und hoben den nackten, toten Körper der Patientin aus dem Bett auf eine fahrbare Trage und schoben sie in eines der Kühlfächer. Ich erinnere mich noch, wie überraschend schwer dieser ausgemergelte, leblose Körper war.*

*Der Leichentransport änderte etwas in mir. Dieses existenzielle Erlebnis verfolgte mich noch einige Tage. Ich dachte über das Altern und den Tod nach und fragte mich, wie ich wohl einmal enden würde. Auf einmal schien mir der Hol- und Bringedienst öde und sinnlos. Ich wollte etwas Sinnvolleres tun und fragte die leitende Schwester der Chirurgischen Ambulanz, ob ich dort den Rest meines Zivildienstes ableisten konnte. Auf dieser Station wurden alle Unfälle und Verlet-*

zungen versorgt, die nicht so schwerwiegend waren, dass die Patienten in einen der großen OPs mussten.

Schwester Renate war überrascht, dass ausgerechnet der größte Witzbold aus der irren Zivi-Truppe sich freiwillig für die Ambulanz meldete. Außerdem war dort noch nie ein Zivi eingesetzt worden. Aber ich fragte immer wieder nach, und schließlich erkannte sie, dass ich es ernst meinte. Sie sprach mit dem Chefarzt, und – zack – hatte ich für die letzten zehn Monate einen neuen Job im Krankenhaus. Für mich empfindliche Seele war das Ganze auch eine Art Konfrontationstherapie, um mich mal etwas abzuhärten. Es kamen zum Beispiel Leute, die mit der Hand in eine Kreissäge oder Flex geraten waren. Kein Anblick, den ich gewohnt war. Die Ärzte versorgten Brüche, Schnitte, Platzwunden, Verbrennungen, renkten Glieder wieder ein, nähten Wunden – und einmal kam ein Mann, der ein paar Äste entfernen wollte, die sich im Schneidebereich seines Rasenmähers verfangen hatten und ihn blockierten. Dummerweise war der Mäher noch angeschaltet. Der Mann erschien dann bei uns mit einem notdürftigen, blutgetränkten Verband und reichte mir ein zusammengeknülltes Taschentuch. »Was soll ich damit?«, fragte ich ihn. »Da sind zwei meiner Finger drin«, antwortete er. »Vielleicht können sie die ja wieder annähen.«

# Mutti rockt das Heim

DIE HEIMLEITUNG DES Rosengrundes willigte schließlich ein, dass meine Mutter erst einmal bis zur endgültigen Klärung ihres pflegerischen Status dort bleiben konnte. Sie habe ja erst einmal die Pflegestufe eins, und wenn das so bliebe, wäre ein weiterer Aufenthalt kein Problem. Auch für mehrere Jahre. Niemand wollte die Formulierung »für immer« benutzen. Wir sprachen in aller Vorsicht mit unserer Mutter über diese Option, und zu unserer Verwunderung sagte sie sofort, dass sie kein Problem damit habe, im Rosengrund zu bleiben. »Aber Mutti«, erklärte ich, »einen längeren Heimaufenthalt und eine Mietwohnung zusammen kannst du dir nicht leisten. Irgendwann müssen wir deine Wohnung kündigen und auflösen.«

»Ist mir klar«, antwortete sie. »Hier bin ich besser aufgehoben.«

Wir konnten es kaum fassen: So viel Einsicht kannten wir von ihr nicht.

Wir begannen, ihr Zimmer im Rosengrund wohnlicher zu machen.

»Was soll denn aus der Wohnung mit hierher?«, fragte mein Bruder.

»Ach«, antwortete Traute mit beinahe buddhistischer Abgeklärtheit. »Weg mit dem ganzen Scheiß. Ich will nur meine Fotos, die Stehlampe und den kleinen Nachttisch.«

Man lernte offenbar im Alter, Ballast abzuwerfen.

Trotzdem beschlossen meine Geschwister und ich, mit der Auflösung der Wohnung noch zu warten, bis die Sache mit der Pflegestufe wirklich durch war. Was eine sehr weise Entscheidung war. Doch dazu später.

Traute Schlenz fing an, im Rahmen ihrer Möglichkeiten, immer mehr Gefallen am Rosengrund zu finden. Und der Rosengrund an ihr. »Ihre Mutter ist lustig«, erzählte mir zum Beispiel die Frau, die ihr immer das Essen brachte. »Also, die haut Sachen raus. Neulich erzählte sie mir von einem Besuch eines Oberarztes an ihrem Bett, als sie noch im Krankenhaus war. Der sei ja ein ganz übler Karrierist und Lackaffe. Und dann sagte sie: ›Je höher der Affe auf der Leiter steigt, desto deutlicher kann man seinen Arsch sehen.‹ Was hab ich gelacht. Also, einige unserer Bewohner sind ja auch mal schwierig, da geht man nicht so gern rein. Aber Ihre Mutter, die ist klasse.«

Ich lächelte und dachte: Gute Güte, wie müssen die anderen drauf sein, wenn die Frau meine Mutter nicht schwierig findet?

Wenige Tage später gab es eine neue Variante des Dauerdramas »Mutti und das Telefon«.

Sie rief bei mir an und schimpfte allen Ernstes, dass das Telefon mal wieder nicht wolle.

»Stell dir vor, man kann da nicht 1,5 wählen.«

Ich musste erst einmal nachdenken, was sie meinte. Ich verstand und sagte: »Aber Mutti, man kann keine halben Nummern am Telefon wählen. Warum auch?«

»Ach so«, antwortete sie. »Ich dachte nur.«

Die Chemotherapie ertrug sie weiterhin tapfer. Allerdings neigte sie jetzt öfter zu kleinen Flunkereien und Geheimnissen. Zum Beispiel hatte sie ein Abführmittel mit ins Heim geschmuggelt, das sie sich selber und ohne Absprache mit dem Pflegepersonal verabreichte. Da sie ja aber nicht mehr richtig sehen konnte, schüttete sie frei nach dem Motto »Was soll der Geiz?« ganz gern mal die dreifache Menge der Tagesdosis in den Messbecher und dübelte sich das fröhlich rein. Anschließend klagte sie über Durchfall, den sie allerdings mit den Nebenwirkungen der Chemotherapie begründete. Wir kamen nur auf den Abführmittelmissbrauch, weil sie bei uns einen Messbecher für die Dosierung bestellte. Das machte uns stutzig. Wozu brauchte sie einen Messbecher, wenn die Schwestern ihr sämtliche Medikamente verabreichten? Nach einem strengen Verhör gab sie den »illegalen Abführmittelgebrauch« zu. Die Schwestern der Station waren begeistert. Jetzt hatten sie endlich eine Erklärung für Muttis Verdauungsbeschwerden, die aus unerfindlichen Gründen ständig zwischen Verstopfung und Durchfall hin und her schwankten. Sie kontaktierten den Hausarzt, der legte eine Dosis fest, und die bekam sie jetzt bei Bedarf von den Schwestern verabreicht.

# Von Fernsehern, Gaspistolen und Scheißkinos

MUTTI WOLLTE NUN AUCH gern ihren Fernseher haben. »Ich kann zwar nicht mehr richtig gucken«, sagte sie, »aber immer nur Radio geht mir auf den Senkel. Auf Arte und 3 Sat gibt es tolles Ballett und schöne Opern. Und ich mag auch diese ganzen Dokumentationen. Da kann ich noch genug von erkennen.« Also schleppten Gerald und ich Muttis großen Flachbildfernseher in den Rosengrund, und Mutti konnte nun dicht davor sitzend in Opern schwelgen, sich an Ballettaufführungen begeistern oder über »Arschlöcher« in Talkshows ärgern.

Ich fand es immer faszinierend, dass meine Eltern so kulturinteressiert waren und trotzdem so gut wie nie das Haus verließen, um eben diese Kultur auch mal vor Ort in der Oper, im Theater oder im Kino anzuschauen. Einmal – da waren sie schon beide Mitte siebzig – haben wir ihnen Karten für das Hamburger St.-Pauli-Theater geschenkt. Für das großartige Stück »Kunst« von Jasmina Reza. Richtig freuen konnten sie sich darüber aber erst, als ihnen klar wurde, dass Gesa und ich sie hinbringen und wieder abholen würden. Das war Bestandteil des Geschenkpakets. Hinterher, als wir noch zusammen ein Bier tranken, waren sie total erfüllt. »So ein schönes Stück. Das machen wir jetzt öfter.«

Sie taten es nie.

Beide sahen auch gern Spielfilme, aber ins Kino gingen sie so gut wie nie. Schon die abendliche Fahrt mit der S-Bahn in die Hamburger Innenstadt erfüllte beide mit Grausen. Wenn sich so ein Ausflug gar nicht vermeiden ließ, führte mein Vater stets seine Gaspistole mit sich. »Weißt du, mein Junge«, erklärte er mir. »Ich habe beim Bund etliche Saalschlachten miterlebt und immer gut mitgehalten. Aber jetzt bin ich ein alter Sack. Und wenn heute einer Ärger will, blickt er in den Lauf meiner Knarre. Dazu mein fiesestes Gesicht – das sollte reichen.«

Es passierte ihnen aber nie etwas. Keiner wollte Ärger, aber Gerhard Schlenz war gewappnet. Nach Papas Tod übernahm Mutti dann die Wumme. Ich hoffte immer sehr, dass sie nicht mal versehentlich dem Briefträger eine Ladung Gas verpassen würde, wenn der an der Tür klingelte. Bei Mutti reichte es manchmal schon, wenn einer »komisch« in den Türspion guckte, um ihn für einen Triebtäter zu halten.

Einmal wagten sich meine Eltern aber doch mal ins Kino, weil Freunde sie überredet hatten. Dummerweise lief der Film in einem dieser gigantischen Multiplex-

Kinos. So etwas kannten sie wegen ihrer jahrelangen Kinoabstinenz nicht. Und beide entwickelten sofort eine gestörte Beziehung zu dieser Art Filmtheater. Riesige Horden aufgekratzter junger Menschen umringten sie. Angeekelt betrachteten meine Eltern, wie die Kids gigantische Eimer mit Popcorn, Wannen voller Nachos mit Käsesoße und große Cola-Container in den Saal hineintrugen. »Ich dachte, wir sind auf einer Fressmeile statt im Kino gelandet«, schimpfte meine Mutter später.

Sie wollten sich aber jeder auch ein Bier kaufen, um sich ein wenig zu betäuben. Es gab leider nur halbe Liter. Sie wollten nicht so viel trinken, um nicht mitten im Showdown aufs Klo gehen zu müssen. Und eine große Flasche teilen ging auch nicht, sie hatten sehr unterschiedliche Trinkgeschwindigkeiten.

Dann lief eine halbe Stunde Werbung. Und danach sollten sich Mutti und Papa ihre 3-D-Brille aufsetzen. »Diese Scheißbrillen«, schimpfte meine Mutter später. »Ich wollte die nicht aufsetzen. Ich trage ja schon eine Brille und sollte dieses 3-D-Dings da drüberstülpen. Ich bin doch kein Taucher.«

Anschließend gab es auch noch eine Pause. Meine Eltern waren fassungslos. »Die hielten den Film einfach an und knipsten das Licht an! Und dann rannten alle raus, um wieder Popcorn, Nachos und Cola nachzukaufen«, empörte sich Mutti.

Der Kinobesuch war ein Fiasko!

»Ich gucke«, resümierte mein Vater später, »mir lieber auf Arte einen albanischen Problemfilm über einen bisexuellen Honigsammler an, bevor ich noch mal in so ein Scheißkino gehe.«

# Mutti hält den Arzt für den Pastor

DAS WEIHNACHTSFEST NAHTE. Wir überlegten, wie wir unsere Mutter am Heiligen Abend und an den weiteren Feiertagen am besten zu uns nach Hause »verfrachten« sollten. Aber Mutti wollte gar nicht. »Ein Sohn mit Familie soll am 24. zu mir zum Kaffee kommen. Und der andere mit Anhang am ersten Weihnachtstag. Das reicht mir«, ordnete sie an. Ihre Begründung: »Wenn ich bei euch mit dem Rollator vom Parkplatz bis zu euren Häusern rumpele, fliege ich noch auf die Fresse. Nee, lasst uns das hier machen. Dann weiß ich, wo was ist und so.«

»Aber«, so schob sie noch nach, »bringt Kaffee in einer Thermoskanne mit. Der im Heim schmeckt beschissen.«

Und so sollte es schließlich gemacht werden. Weihnachten in zwei Schichten. Aber bis dahin war es noch eine Woche, in der sie uns mächtig auf Trab hielt.

Natürlich war das Telefonieren wieder Thema. Mutti wollte jetzt ein großes Poster mit unseren Nummern in Übergröße drauf. Das hatte sie bei einer anderen Heimbewohnerin gesehen. »Das hängt da riesig an

136

der Wand. Das will ich auch.« Wir versprachen ihr, so ein Plakat zu basteln.

Einen Tag später rief sie an, um zu fragen, ob das Poster schon fertig sei. Sie könne ja sonst nicht telefonieren. Dass sie gerade anrief, schien ihr zu entgehen.


Einen Tag vor dem Fest besuchte ich sie noch einmal. Sie saß etwas verschämt auf ihrem Bett. Und ich sah auch, warum. Überall lag Geschenkpapier auf dem Boden. Sie hatte das Weihnachtspaket von meiner Schwester bereits geöffnet. »Ich hab's nicht mehr ausgehalten«, sagte sie. »Ist oft so langweilig hier. Und da dachte ich: Blöde Warterei, und hab's aufgerissen.« Sie lachte, und dabei wackelte der kleine Zopf auf ihrem Kopf.

Einen Tag zuvor, so erfuhr ich, war auch der Heim-Pfarrer bei ihr gewesen. »Ein sehr netter Mann. Ich hab ihm gleich erzählt, dass mein ältester Enkel auch Theologie studiert. Das fand er natürlich klasse.«

»Und über was habt ihr so geredet?«, fragte ich.

»Über die letzten Dinge«, antwortete meine Mutter geheimnisvoll. »Das tut gut.«

Mutti hatte jetzt mehr Kontakt im Heim. Zumindest versuchte sie es. »Ich war neulich draußen, weil so schönes Wetter war«, erzählte sie. »Da standen dann auch die anderen rum. Aber die haben nur Scheiße geredet. Da bin ich wieder hoch.«

In einem unserer Gespräche erzählte ich ihr von meinem Plan, dieses Buch zu schreiben. Sie war sofort einverstanden. »Ich muss dann aber alles erzählen«, sagte ich. »Auch die unschönen Dinge.«

»Ist mir egal«, antwortete sie. »Mich kennt ja keine Sau. Und die Leute können ja vielleicht was lernen übers Altwerden und alle die Probleme.«

Ich lächelte. Sie hatte es auf den Punkt gebracht.

Seitdem hat sie immer neue Einfälle, was alles im Buch noch vorkommen müsse. »Du musst unbedingt schreiben, wie ich mal im Rosengrund diesen Doktor Kant mit dem Pastor verwechselt habe.«

Kein Problem, Mutti. Also, das war so: Kant kam freundlicherweise, aber unangemeldet bei ihr vorbei, um nach seiner Patientin zu sehen. Und die hielt ihn – sehbehindert, wie sie war – für den Heim-Pfarrer, was zu einem skurrilen Dialog führte. Ich habe mir das später ausführlich von Kant schildern lassen:

»Ach Sie«, sagte meine Mutter, »das freut mich aber. Sie hat der Herr geschickt.«

»Ja, ja, ein Halbgott in Weiß«, scherzte Kant.

»Predigen Sie am Wochenende?«

»Eher nicht«, antwortete Kant etwas verwirrt.

»Haben Sie auch schon Beerdigungen gemacht?«

»Nun, das ist eigentlich das, was ich beruflich verhindern soll.«

»Wieso denn? Das gehört doch dazu.«

138

»Wozu?«
»Zu Ihrem Job.«
»Beerdigungen? Gott behüte.«

Das ging noch eine ganze Zeit so weiter, bis sich das Missverständnis aufklärte. Aber erst, als der vermeintliche Pfarrer die Brust meiner Mutter sehen wollte.

# Raumpatrouille und Jim Knopf.
## Zu Hause vor dem Fernseher

MEINE SCHWESTER CORNELIA, mein Bruder Gerald und ich hatten eigentlich eine relativ unspektakuläre Kindheit. Mutti und Papa waren weit davon entfernt, Helikopter-Eltern zu sein. Wir wurden mit dem versorgt, was wir brauchten, vor Gefahren gewarnt (das manchmal etwas zu oft), und ansonsten waren wir weitgehend uns selbst überlassen. Meine Schwester war natürlich die Erste, die auszog, und das sehr früh, weil sie ihren eigenen Weg gehen wollte. Gerald und ich verbrachten die meiste Zeit draußen. Die Bundeswehrwohnungen waren nicht besonders groß, und meine Eltern schätzten nicht allzu viel Besuch in ihrer Wohnung. Sie galten zwar bei unseren Freunden als relativ locker, wollten aber schlichtweg meist ihre Ruhe haben. Also spielten wir draußen, etwa auf den Feldern rund um die Häuser oder Fußball auf dem Rasen vor dem Haus. Aber nur kurz, denn irgendwann riss immer ein schlecht gelaunter Nachbar das Fenster auf und jagte uns weg, weil wir ihm zu viel Lärm machten. Dieses Weggejagtwerden ist eine der prägenden Erinnerungen meiner Kindheit.

Ich hasste es, dass wir Kinder nirgendwo sein konnten, ohne Angst haben zu müssen, dass irgendwer uns wieder wegschicken würde. Ich träumte davon, irgendwann mal ein eigenes Grundstück zu haben, mit einem schönen Haus drauf. Ich dachte, dass ich das wohl nie schaffen würde. So viel Geld würde ich bestimmt nie verdienen. Die Leute mit den Häusern, das waren die Reichen für mich. Wenn ich betuchtere Klassenkameraden besuchte, war das immer ein Ausflug in eine fremde Welt. In die Häuser mit den großen Fluren, mehreren Stockwerken und unzähligen Zimmern. Und mit meist großen Gärten, aus denen niemand weggejagt wurde. Ich fand das irre beeindruckend.

Heute besitzen meine Familie und ich ein Haus, und manchmal, wenn ich nachts von einem Termin zurückkomme, schreite ich gelegentlich unser Grundstück ab, schaue auf unser Haus, die Bäume und den Garten und denke: Hier kann dich und deine Familie keiner wegjagen!

Trotzdem hatte ich als Kind insgesamt nicht das Gefühl, irgendetwas entbehren zu müssen. Und als ich sechzehn wurde und wir erneut umgezogen waren, bekam ich endlich auch mein erstes eigenes Zimmer. Für mich war das damals eine absolute Sensation! Meine Eltern haben sicherlich nicht alles richtig gemacht, aber ich habe mich grundsätzlich zu Hause wohl gefühlt. Gerade in meiner Kindheit und den frühen Teenie-Jahren, als es mich noch nicht raus auf die Piste zog, genoss ich vor allem das abendliche, gemeinsame Fernsehgucken sehr. Serien wie »Kung Fu«, »Raumschiff Enterprise« oder »Mit Schirm, Charme und Melone« waren für meinen Bruder und mich sensationelle Erlebnisse. Unvergessen ist auch das Live-Erlebnis der Mondlandung, die wir mit der ganzen Familie verfolgten. Ich glaube aber, dass mein Bruder und ich am besten fanden, dass die ganze Nacht unzählige Spielfilme gesendet wurden, bis es endlich so weit war. Wir guckten uns die Augen rund, denn in dieser Nacht wurde niemand ins Bett geschickt. Es war einfach ungeheuerlich, dass da oben, wo der Mond leuchtete, jetzt Menschen unterwegs waren. Trotzdem glaube ich: Die erste Folge von »Raumpatrouille« mit Dietmar Schönherr als Commander Mc-Lane hatte uns damals noch nachhaltiger beeindruckt. Genauso wie Jahre zuvor die Marionetten-Abenteuer der Augsburger Puppenkiste »Jim Knopf«, »Urmel aus dem Eis« oder der »Kleine König Kalle Wirsch« uns als Kinder total begeistert hatten.

Als später Gesa und ich unsere Kinder bekamen, besorgte ich mir alle Folgen der Augsburger Puppenkiste auf DVD, und wir haben sie mit unseren Söhnen zusammen alle noch mal gesehen. Henri und Hannes waren ähnlich begeistert wie wir früher. Und für mich war es eine schöne Reise in die Vergangenheit und die eigene Kindheit. So komisch das auch klingen mag: Wenn ich die Worte »Familie« und »früher« höre, denke ich vor allem an die gemeinsamen Abende vor dem Fernseher nach dem Abendessen. Meine Eltern kuschelten auf dem Sofa, und Cornelia, Gerald und ich saßen jeweils in einem Sessel und knabberten Salzstangen, während Emma Peel und John Steed in der Serie »Mit Schirm, Charme und Melone« mit übernatürlichen Phänomenen fertig werden mussten. Mein Bruder und ich waren auch große Freunde von Horrorfilmen wie »Dracula« oder »Frankenstein«, aber die liefen meist spät, und meine Eltern waren sich unsicher, ob sie uns den Konsum der wüsten Werke gestatten sollten. Wir verfassten dann handschriftliche Bitt- und Bettelbriefe, die wir durch die geschlossene Wohnzimmertür schoben. Und es funktionierte. Unsere Eltern konnten einfach nicht länger nein sagen und ließen uns gucken. Damals erkannte ich die Macht des geschriebenen Wortes.

Möglicherweise war das die Initialzündung für meinen späteren Wunsch, Journalist zu werden. Selbst als wir älter wurden, leiteten Gerald und ich häufig das Wochenende mit einem gemeinsamen Familien-

Spielfilmabend ein, bevor wir später loszogen. Besonders lustig war es immer, wenn wir zusammen Fußball guckten. Meine Mutter dämmerte voller Desinteresse auf dem Sofa weg, während sich unser Vater herrlich aufregte. Er suchte sich immer irgendwelche Spieler aus, die er leidenschaftlich hasste und dann vor dem Fernseher wüst beschimpfte. Er konnte zum Beispiel den großen Stürmer Gerd Müller nicht ausstehen, den er nur als »Stummelfuß« und üblen Abstauber bezeichnete. Hellwach war Mutti allerdings bei »Dallas« und dem »Denver-Clan«. Auch das guckten wir Jungs, fernsehsüchtig wie wir waren, tapfer mit. Ohnehin war es erstaunlich, was man damals alles mangels Alternativen TV-technisch so alles wegsaugte. Wir hielten sogar Ilja Richters unerträgliche Sketche in der Reihe »Disco« aus, um unsere musikalischen Pop-Götter zu sehen. Selbst vor Dieter Thomas Hecks »Hitparade« schreckten wir nicht zurück. Ich verstehe bis heute nicht, wie wir sogar die Kölner Karnevalsumzüge und den »Blauen Bock« im Fernsehen aushalten konnten. Aber egal: Was zählte, war das Gemeinschaftserlebnis. Das Fernsehen war das große Lagerfeuer, um das sich die ganze Nation versammelte. Und am nächsten Morgen in der Schule waren die Krimis, Western oder die neuen Serienfolgen *das* Gesprächsthema. Gute, alte Zeiten!

Unsere Erziehung war weitgehend die Sache meiner Mutter. Mein Vater war ein bisschen für die Unterhaltung und für gelegentliche Drohungen zuständig, ansonsten hielt er sich raus. Er war halt noch ein typischer Mann der fünfziger Jahre, allerdings längst nicht so konservativ wie die meisten anderen. Er tat, was er konnte, um modern zu werden, aber so richtig aus seiner Haut konnte er dann doch nicht.

# Die Terror-Oma

MUTTI KAM WEITERHIN einigermassen klar im Heim und wartete zunehmend mit irgendwelchen Anekdoten auf. Zum Beispiel die von der »Terror-Oma«, die im Heim ihr Unwesen treiben würde: »Das ist eine Frau Doktor Müller. Die läuft scheinbar ganz harmlos rum, aber dann stürzt sie sich plötzlich auf die Leute und verprügelt die. Es müssen drei Pfleger ran, um die wieder von ihren Opfern runterzukriegen. Die ist unberechenbar. Dauernd hört man die Pfleger rufen: Nein, Frau Doktor. Nicht schlagen. So geht das nicht!«

Gerald und ich hörten ungläubig zu.

»Bist du ihr schon mal begegnet?«, fragte ich.

»Aber ja. Gestern hat sie mir in meinem Badezimmer aufgelauert.«

»Du meine Güte. Und was hast du gemacht?«

»Ich hab sie angebrüllt. Raus mit dir! Die Sprache versteht sie. Da ist sie wieder abgedackelt. Nicht mit Traute Schlenz!«

Mutti wusste sich zu wehren. Schwach war sie zwar, aber schimpfen ging noch prima.

Auf der Fahrt nach Hause meinte mein Bruder: »Ich

glaube, die haben einen eigenen Fight-Club im Keller. Zum Aggressionsabbau.«

Zuvor hatten wir Mutti noch gefragt, ob es denn im Rosengrund am Heiligen Abend etwas Besonderes zu essen gäbe. Schließlich würden wir ja nur zum Kaffee da sein.

»Frag doch mal Pamela«, sagte Mutti.

Ramona bestätigte auf meine Frage, dass es schon etwas Besonderes und sogar ein Glas Wein geben würde. Was Mutti prima fand.

Ihr eigener Fernseher im Zimmer erwies sich weiterhin als großer Wurf. Sie saß – wie üblich – sehr dicht davor und gab Kommentare ab. Zum Beispiel diesen hier: »Der da redet – das ist doch Seehofer, der Penner, oder? Aber den Stoiber fand ich noch blöder. Der redete immer, als ob er zu viele Weinbrandpralinen gegessen hätte.«

Schließlich lagen auch die Verträge für das Pflegeheim in der Post. Insgesamt sollte Muttis Platz im Heim pro Monat 2820,53 Euro kosten. Davon zahlte die Pflegekasse 1064,00 Euro, vorausgesetzt, unsere Mutter würde die Pflegestufe eins behalten. Den Rest von 1756,54 Euro musste Mutti von ihrer Rente und ihren Rücklagen zahlen. Wenn das irgendwann nicht mehr reichte, würden wir Kinder einspringen. Wir hofften alle, dass es mit der Pflegestufe eins klappen würde. Anderenfalls würde der

Anteil unserer Mutter auf 2147,73 Euro ansteigen. Unbezahlbar.

Aber eines war uns allen klar: Wie die Sache mit der Pflegestufe auch ausgehen würde – unsere Mutter konnte sich nicht mehr allein versorgen. Sie konnte ja nicht mal mehr ihre Tabletten erkennen oder sich allein duschen. Und die ständigen Verbände und Transporte zur Chemotherapie. Letztere mussten dringend klappen. Würde Mutti zuhause leben, wären wir nie sicher, dass sie auch wirklich wach, angezogen und abfahrbereit war. Das alles würde ja wohl hoffentlich bei der Einstufung durch den Medizinischen Dienst berücksichtigt werden. Und so hofften wir alle, dass unsere Mutter die Pflegestufe eins bekam und die nächsten Jahre im Rosengrund bleiben konnte.

Die Pflegerinnen im Heim waren sich da nicht mehr so ganz sicher. Aber es habe auch keinen Sinn, zu schauspielern und die Bewohnerin gebrechlicher wirken zu lassen, als sie wirklich ist. Die MDK-Leute seien erfahrene Gutachter. »Die merken es, wenn man ihnen was vormacht«, sagte Pamela ... Verzeihung ... Ramona. Es hieß also: Daumen drücken.

# Weihnachten – und immer noch die Terror-Oma

DANN WAR DER HEILIGE ABEND DA. Meine Familie übernahm diesen Tag, und so kreuzte ich mit Gesa und den Jungs gegen fünfzehn Uhr mit Kaffee und Kuchen und einigen Geschenken bei unserer Mutter auf. Auf dem Stationsflur stand ein sehr lustiger Tannenbaum, der mit aufgeblasenen Gummihandschuhen geschmückt war.

Mutti war relativ fit und freute sich sehr, dass wir alle da waren. Ihre Enkel fragten interessiert nach der Terror-Oma, von der ich ihnen erzählt hatte.

»Ja, die geht auf die Leute los«, erzählte Traute, während sie genüsslich ein Stück Schwarzwälder Kirschtorte verspeiste. »Und die hauen oft zurück. Und dann ist da die schönste Prügelei im Gange, und ich hab meinen Spaß.«

Henri und Hannes lachten sehr. So schrill kannten sie ihre Oma.

Mutti freute sich auch schon sehr auf das Abendessen. Sie konnte zwischen Braten und Fisch wählen. »Egal, was ich nehme«, sagte sie. »Ich will unbedingt Rotwein dazu haben.«

149

»Kannst du doch«, antwortete ich. »Frag doch einfach, ob die welchen haben. Du willst ja schließlich nicht, dass sie dir einen Joint bauen.«

»Den würd ich auch nehmen«, antworte Mutti und zwinkerte ihren Enkeln zu.

Kurz vor sechs verabschiedeten wir uns. Mutti brachte uns noch zum Fahrstuhl.

Während wir warteten, sahen wir, dass die Terror-Oma den Gang hochschlich.

»Schau mal, Mutti, wer da kommt. Ich glaube, wir können dich da jetzt nicht allein lassen«, sagte ich.

»Ach watt«, antwortete Traute. »Ein Tritt, und die Sache ist erledigt.«

Auf der Fahrt nach Hause sprachen wir über die erstaunlichen Fortschritte unserer Mutter. Sie war mittlerweile so fit, dass es immer fraglicher war, ob sie auch wirklich die Pflegestufe eins bekommen würde. Falls nicht, musste sie wohl raus aus dem Heim. Aber genau da wollte sie ja nun bleiben. Verkehrte Welt. Erst wollte sie nicht rein, und nun wollte sie nicht wieder raus.

Als wir später die Wohnbereichsleiterin fragten, konnte die uns auch nicht wirklich beruhigen. »Es geht ja immer um den pflegerischen Zeitaufwand«, sagte sie. »Ich weiß nicht, ob Ihre Mutter auf die Minuten kommt. Ich check das mal. Aber eines ist klar. Wir müssen alle ehrlich bleiben, sonst ist das Betrug.« Es käme aber auch sehr auf die Prüferin vom MDK an. Bei manchen hieße es: Wer die Arme noch über den Kopf kriegt, bekommt keine Pflegestufe.

Und Mutti wurde immer fitter. Vor kurzem hatte sie sich eine alte Dame, die gerade über den Flur rollatorte, zum Kaffee ins Zimmer geladen. »Aber stell dir vor«, klagte sie. »Mit der war ja kein vernünftiges Gespräch möglich. Man fragt: Haben Sie Kinder? Und die sagt bloß ja. Alles muss man den Alten aus der Nase ziehen.«

Wenn man sie an ihre eigenen, hilflosen Phasen erinnerte, sagte Mutti bloß: »Es ist mir peinlich, dass ich so beschissen drauf war. Aber jetzt geht's ja wieder, oder?«

Und das stimmte: Es ging wieder. Aber wohin die Reise sie führte, war noch längst nicht ausgemacht.

# Früher, als ich Zivi war. *Teil 3*

*Ich brauchte ein, zwei Wochen, dann hatte ich mich in der Chirurgischen Ambulanz an all das Blut und die Wunden gewöhnt. Und ich war stolz darauf, weil ich mir das selber nicht zugetraut hätte. Ich half, wo ich konnte, lernte schnell und wurde vom Handlanger zum nützlichen Helfer. Ich legte Verbände an, assistierte bei kleineren Operationen und lernte gipsen. Nie wieder in meinem Leben habe ich mich so nützlich gefühlt wie in diesen Monaten. Ich ging jeden Morgen gern und gut gelaunt in die Ambulanz. Ich wurde gebraucht, gehörte zu einem Team, das Menschen in Not unmittelbar half. Hier ging es jeden Tag um etwas Existenzielles, und nichts musste hinterfragt werden. Es ging einzig darum, das zu tun, was in genau diesem Moment nötig und wichtig war – Blutungen zu stillen, Wunden zu versorgen, Menschen zu trösten und ihnen die Hand zu halten, während der Chirurg ihnen eine Platzwunde am Kopf zunähte. Eine Wunde, die ich kurz davor noch mit einem Rasierer von Haaren befreit hatte. Es klingt vielleicht komisch, aber diese Arbeit erfüllte mich wie nichts zuvor in meinem Leben. Natürlich war und blieb ich ein Zivi, aber nach ein,* zwei Monaten war ich wohl eher ein Teil des Teams für die Schwestern und Ärzte. Letztere waren allerdings nicht alle freundlich. Einer der Chirurgen schien Kriegsdienstverweigerer grundsätzlich zu hassen und blieb abweisend. Er hieß bei den Schwestern »der blutige Basti«, weil er vor allem auf Knochenbrüche spezialisiert war und einen recht ruppigen Operationsstil pflegte – und er war und blieb ein Arschloch. Einmal pöbelte er mich wüst an, weil ich den Arm eines Patienten beim Eingipsen nicht richtig hielt. Ich fühlte blinde Wut in mir aufsteigen und pöbelte, ohne zu überlegen, einfach zurück, dass er gefälligst einen anderen Ton anschlagen solle. Ich sei zwar Zivi, aber kein Leibeigener. Komischerweise schluckte er meine Replik kommentarlos. Der blutige Basti gehörte zu der unangenehmen Sorte Menschen, die einen nur ernst nahmen, wenn man sich gegen sie wehrte.

Eines Tages fiel dann kurz vor einer Operation in einem der großen Säle die zweite Assistenz aus. In den OP-Räumen hatte ich nie zu tun gehabt. Das war der hochsterile Bereich, wo die Leute in den Kitteln mit den Hauben auf dem Kopf die großen Sachen operierten. Kein Platz für einen Zivi. Aber der Operateur kam zu mir und sagte: »Hey, Kollege, du machst dich ja ganz gut hier in der Ambulanz. Jetzt kannst du mal zeigen, was du draufhast. Wir brauchen dich beim Hakenhalten, okay?«

Ich schluckte, sagte aber zu, und zehn Minuten später stand ich in einem sterilen Kittel, mit Mundschutz und einer OP-Haube auf dem Kopf, im Operationssaal eins und hörte, wie der Arzt sagte: »Ich schneide jetzt den Bauch auf, und du ziehst die Wunde dann mit den beiden Haken vorsichtig auseinander, bis ich stopp sage, und bleibst genau in dieser Haltung. Alles klar?«

Ich nickte, dann glitt das Skalpell durch die Bauchdecke. Ein unwirklich erscheinender Vorgang. Der Arzt setzte die Haken an, ich übernahm und zog, bis er »halt, so bleiben« sagte.

Die Operation dauerte etwa zwei Stunden. Die anstrengende, ungewohnte Haltung war eine Tortur für mich. Aber hinterher war ich mächtig stolz auf mich und schwebte wie auf Wolke sieben, besonders, als der Operateur mich lobte, weil ich durchgehalten, keinen Mucks gesagt hatte und vor allem nicht umgekippt war.

# Die Pflegestufen-Prüfung – »Der Tag der Abrechnung«

LANGSAM DÄMMERTE ES unserer Mutter, dass das Heim wohl keine Dauerlösung sein würde. Alles hing von der Entscheidung über die Pflegestufe ab. Mutti hatte zwar Angst vor der Rückkehr in ihre Wohnung, aber langsam begann der Gedanke sie auch zu reizen. »Hier mit den ganzen Beknackten, Siechen und Dementen – das steckt an«, sagte sie. Sie sehnte sich zunehmend nach Eigenständigkeit und Selbstbestimmung, wenn da nicht auch das drohende Alleinsein in der Wohnung und die Angst vor gesundheitlichen Rückfällen gewesen wäre.

Da der Medizinische Dienst der Krankenkasse sich mit seinem Besuch Zeit ließ, begannen wir für alle Fälle schon einmal, die eventuelle Rückführung nach Hause zu besprechen und zu organisieren. Das Bett sollte einen Galgen bekommen, der Traute das Aufstehen erleichtern würde. Und Haltegriffe sollten im Bad eingebaut werden. Wir telefonierten mit ambulanten Pflegediensten wegen der Wundversorgung, der Tablettengabe und der Hilfe beim Duschen und fragten, wer von den Diensten in den kommenden Wochen verfügbar wäre. Das Rote Kreuz musste erfahren, dass der Notfallknopf an Muttis Handgelenk wieder einsatzbereit sein musste, und das Essen auf Rädern musste ebenfalls wieder anrollen. Nach vielen Gesprächen und Mails waren wir auf alles vorbereitet.

Mutti war die Warterei unangenehm. Nicht zu wissen, was mit ihr passieren würde, machte sie mürbe. Aber nicht *so* mürbe, dass sie sich nicht mehr mit anderen streiten konnte. Unter den Schwestern des Rosengrundes hatte sie Feinde und Verbündete. Die Feinde – also alle, die ihr widersprachen – bedachte sie in unseren Gesprächen mit verschiedenen Schimpfwörtern (»Arschgeigen«, »Zimtzicken«), die Verbündeten lobte sie als »Pfundskerle« und »dolle Mädchen«.

Endlich kam ein Brief, der den Besuch einer Gutachterin an einem Tag der kommenden Woche in einem vagen Zeitfenster von zehn bis zwölf Uhr ankündigte. Ich versprach unserer Mutter, dabei zu sein, und am Tag X saß ich pünktlich mit ihr in ihrem Zimmer und wartete.

Wir warteten eineinhalb Stunden. Es kam: niemand. Irgendwann ging uns der Gesprächsstoff aus. Ich daddelte versonnen und zunehmend genervt auf meinem Handy rum. Draußen auf dem Flur rief ständig eine Frau »Heiner«.

»Das ist die olle Frau Martens«, erklärte meine Mutter. »Die ruft immer ihren Sohn. Dabei ist der gar nicht
hier. Und wenn ihr das einer sagt, will sie immer die
Polizei rufen.«

»Heiiiiiner«, ertönte es klagend auf dem Flur.

Ich wurde zunehmend deprimierter.

Nach geraumer Weile rauschte die Dame vom
MDK mit einem Laptop in der Hand in Muttis Zimmer.
Sie stellte sich als Frau Vogel vor, blätterte sofort die
ärztlichen Befunde durch, die ich auf dem Tisch aus-
gebreitet hatte, und begann ohne Umschweife meiner
Mutter Fragen zu ihrem Allgemeinzustand zu stellen.
Mutti beantwortete alles wahrheitsgemäß und machte ihre Sache gut. Mühsam kämpfte sie sich aus dem
Bett hoch und bat für die fünfzig Zentimeter zu ihrem
Stuhl um ihren Rollator. Aber kaum saß sie auf dem
Stuhl, da setzte sie sich ihre Sonnenbrille auf und
schlug die Beine übereinander wie einst Joan Collins
im »Denver-Clan«. Sie konnte nicht anders. Sie musste einfach cool sein. Kein wirklich guter Start. Aber
Mutti hielt sich wacker, betonte ihre Hilflosigkeit. »Ich
kann nur Ihre Konturen sehen«, sagte sie, schob dann
aber überflüssigerweise nach: »Und Sie haben eine
Brille auf.«

Die Dame roch Lunte: »Und? Welche Farbe hat
sie?«

Aber Mutti passte auf: »Das kann ich Ihnen beim

besten Willen nicht sagen. Ich sehe nur die Spiegelungen im Licht dieses beschissenen Tages.«

Mutti wurde freundlich, aber sehr bestimmt weiter befragt und auch untersucht: Was ging noch? Wo brauchte sie Hilfe? Was war mit der Körperpflege, den Toilettengängen? Konnte sie allein essen, gehen, sich waschen?

Und die MDK-Dame hatte ihre kleinen Tricks. »Kann ich mir mal Ihre Füße ansehen?«

»Ja, natürlich.«

»Na, dann ziehen Sie doch mal Socken und Schuhe aus.«

Und Mutter beugte sich folgsam und flott wie eine Fünfzigjährige runter und zog die Schuhe aus. Die MDK-Frau zog die Augenbrauen hoch und fragte: »Welches Datum haben wir heute?«

»Na, den zweiten Februar«, antwortete Mutti. »Mein Schicksalstag. Der Tag der Abrechnung.«

Ich zuckte zusammen. Fehlte nur noch, dass sie ergänzte: »Du wirst John Connor niemals kriegen. Du Terminatrix.«

»Warum denn Schicksalstag?«, fragte Frau Vogel.

»Na, weil Sie kommen.«

»Bin ich denn so schlimm?«

»Ach, eigentlich nicht«, sagte Mutti, »aber ich weiß nicht, ob ich zuhause klarkomme.«

»Wir werden sehen«, sagte Frau Vogel und klappte ihren Laptop zu. Die ganze Zeit hatte sie ein undurchsichtiges Pokerface zur Schau gestellt. Am Ende wurde sie sogar noch ein bisschen nett und sagte: »Ist ja auch ein blöde Situation, so bewertet zu werden.«

»Sie sagen es«, sagte Mutti.

Ich begleitete die MDK-Dame hinaus. Sie wollte noch mit den Schwestern reden und deren Pflegeprotokolle einsehen.

»Wissen Sie«, sagte ich. »Ich weiß, dass Sie nach bestem Wissen und Gewissen entscheiden müssen, aber eins kann man nicht wegdiskutieren: Meine Mutter hat offenen Brustkrebs und muss täglich verbunden werden, sie hat zudem eine Makula-Degeneration mit erheblicher Einschränkung der Sehfähigkeit und kann weder ihre Tabletten richtig sehen noch sich Essen zubereiten, und sie ist körperlich so eingeschränkt, dass sie Hilfe beim Duschen braucht.«

»Ja«, antwortete Frau Vogel. »Das habe ich alles notiert. Wir werden sehen.«

Und dann war sie weg.

»Und?«, fragt Mutti, als ich wieder in ihr Zimmer ging, »war ich gut?«

»Ja, Mutti, gut gemacht«, sagte ich und klopfte ihr sanft auf die Schulter. »Du hast nicht gelogen, aber dich auch nicht fitter gemacht als nötig.«

»Meinst du, ich kriege diese Pflegestufe?«

»Wir werden sehen«, antwortete nun auch ich. »Und jetzt muss ich dringend zur Arbeit.«

Ich verabschiedete mich, ging hinaus und rannte fast eine Frau mit einem Rollator um. »Heiner!«, rief die und lachte.

»Nein«, sagte ich. »Sorry, der bin ich nicht.«

»Ich rufe jetzt die Polizei«, schimpfte die alte Dame und hielt mir ein Handy vors Gesicht.

# »Überall Beknackte« – Mutti will raus

Es BEGANN EINE ETWAS sonderbare Zwischenzeit. Eigentlich war uns allen klar, dass Mutti wohl keine Pflegestufe bekommen würde. Andererseits gab es im Rosengrund Leute, die wesentlich fitter als sie waren und trotzdem die Pflegestufe eins hatten. Wir mussten halt auf das Ergebnis des MDK warten. Aber für Traute war die Sache eigentlich längst klar. »Weißt du, Kester«, sagte sie erneut bei einem Besuch. »Ich muss hier raus. Überall Beknackte. Das geht nicht mehr. Das färbt ja ab.« Sie vermisste ihre Selbstbestimmung, wollte wieder Herrin im eigenen Haushalt sein.

Draußen auf dem Gang sah ich, was sie meinte. Es herrschte Rollatoren-Feierabend-Verkehr mit zähflüssigem Verkehr. Der typische Rückstau vom Abendessen. Einige pausierten etwas, setzen sich auf den Rollator und dösten schon mal ein. »Neulich«, erzählte Mutti weiter, »hab ich so einen alten Sack rausgeschmissen. Der stand plötzlich bei mir im Zimmer. Behauptete, das wäre seins. Achtkantig rausgeflogen ist der.«

Ich hörte ihr zu und dachte nur: Mutti gehört hier wirklich nicht mehr her. Aber das hieß noch lange nicht, dass sie zuhause allein klarkommen würde. Und die Operation stand ihr ja erst noch bevor.

Abends rief mich Mutti noch mal an: »Ich hab's mir überlegt. Ich will nun doch keinen Galgen überm Bett. Das sieht blöd aus.«

Sie machte schon fleißig Pläne und setzte eisenhart Prioritäten. »Weißt du, es gibt ja diese kleinen Würstchen: Die lass ich mir dann schicken.«

Ja, das Essen! Neben dem Telefon das Thema Nummer eins.

Einmal aß sie in meiner Gegenwart mit großem Appetit Erbsensuppe. Etwa zehn Minuten später rülpste sie verhalten.

»Weißt du, mein Junge, das kommt von der Chemo.«

»Nicht von der Erbsensuppe, Mutti?«

»Ach so, ja. Aber das habe ich oft am fünften Tag nach der Chemo.«

Abrupt wechselte sie das Thema. »Ein Gutes hat das Ganze aber«, sagte sie. »Solange ich hier im Heim war, habe ich ja kein Geld ausgegeben.«

Ich sagte ihr damals nicht, dass ihre Ersparnisse in beinahe vier Monaten um fast siebentausend Euro geschrumpft waren. Das sollte besser mein Bruder, der Finanzminister, machen. Das war schließlich seine Baustelle.

# Der Onkologe – Muttis größter Fan

AM GLEICHEN ABEND klingelte mein Handy. Mamas Onkologe war am Apparat.

»Also, Ihre Mutter, die …«

»Gute Güte«, dachte ich. »Hat sie sich danebenbenommen?«

»… muss unbedingt wiederkommen«, fuhr der Arzt fort. »Die ist so ein Original. Diese Sprüche. Einfach klasse. Die unterhält die ganze Praxis. Die mischt den ganzen Laden auf. Und das Wichtigste: Die Behandlung hat so gut angeschlagen. Die Wunde ist kleiner geworden. Ich denke, sie kann in Kürze operiert werden. Da muss jetzt einer der Chirurgen draufgucken. Ich organisiere das jetzt mal.«

Ich war total baff. Mutti die Stimmungskanone beim Krebsarzt!

Der Onkologe kriegte sich kaum wieder ein: »Aber schade ist es schon, wenn sie gesund wird und nicht mehr wiederkommt. Wissen Sie, hier sitzen schwerstkranke und oft sehr traurige Menschen. Die kriegen mit, wie eine alte Dame, ich meine Ihre Mutter, also wie die wieder aufblüht. Das hat auch einen positiven Effekt auf die anderen Kranken. Und dann ist sie auch noch witzig. Humor hilft heilen! Für mich ist sie ein Paradebeispiel dafür, dass man alte Menschen nicht vorschnell aufgeben darf. Von wegen: ›Hat doch keinen Sinn mehr.‹ Ich weiß noch, wie Sie mit ihr das erste Mal in meinem Wartezimmer saßen: Ein Häufchen Elend war Ihre Mutter. Und jetzt düst sie mit ihrem Rollator über die Gänge. Prima. Einfach prima. Sie hören in Kürze von mir.«

Er schob noch mal hinterher: »Also diese Sprüche ... köstlich. Einfach köstlich. Auf Wiederhören.«

Ich starrte ungläubig auf den Hörer. Hammer. Meine Mutter hatte einen Fan. Offenbar war der Doktor ein Freund ihres rauen, norddeutschen Humors.

# Der Arzt spricht – und Mutti hört nicht zu

ENDLICH KAM DER BESCHEID des MDK. Die Pflegestufe eins wurde, wie erwartet, abgelehnt. Ende des Monats musste unsere Mutter infolgedessen das Heim verlassen, schon allein, weil sie dort keine Patienten ohne Pflegestufe als Dauergäste nahmen. Mutti war dennoch betrübt.

»Ich dachte,« brummte sie. »ich kriege die Eins. Ich kann doch nicht mehr gucken. Heute ist es besonders schlimm.«

»Nee, Mutter«, erklärte ich. »Es gibt sogar Blinde, die keine Pflegestufe eins bekommen.«

»Na, dann …«

»Aber«, fragte ich sie. »Warum ist dir denn die Pflegestufe so wichtig?«

»Kohle«, antwortete Traute und rieb zwei Finger aneinander.

»Ach Mutti, das wird auch so. Jetzt ist es halt sicher, dass du wieder in deine Wohnung kommst. Und eigentlich willst du das doch auch, oder?«

»Ja, schon«, brummte Mutti, »aber trotzdem. Ich brauche Hilfe.«

»Und die wirst du auch bekommen«, beruhigte ich sie.

Ein paar Tage später hatten wir einen Termin im Krankenhaus beim Chefarzt der Frauenheilkunde. Muttis Brust sollte untersucht und entschieden werden, ob und wann sie operiert werden würde.

Ein letztes Mal wurde Traute nun mit einem Krankentransport vom Rosengrund ins Krankenhaus gebracht. Wir trafen uns direkt vor Ort, weil ich nur kurz Zeit hatte, um dabei zu sein.

Mutti saß schon vor dem Zimmer des Chefarztes: in einer schicken Jacke, neben ihr der unvermeidliche Rollator. Wollmütze und Sonnenbrille auf. Ganz Diva.

Wir wurden reingerufen. Der Arzt war sehr freundlich und erklärte, dass Traute nun ohne große Probleme operiert werden könne. Die Wunde habe sich sehr gut entwickelt, der Krebs sei zurückgegangen, aber eben noch nicht weg. Die rechte Brust müsse entfernt werden, einige Lymphknoten auch. Nach der OP würde Mutti ca. eine Woche im Krankenhaus bleiben müssen, und anschließend sehe er zwischen zehn und zwanzig ambulante Bestrahlungseinheiten.

»Aber dann«, sagte er zu meiner Mutter, »haben Sie eine sehr gute Prognose, dass Ihnen der Krebs zu Ihren Lebzeiten keine Sorgen mehr macht.«

Ich sah zu Traute rüber. Sie nickte, fing aber plötzlich an, in ihrer Geldbörse zu wühlen, fingerte die Karte des Krankentransportunternehmens heraus und reichte sie dem verdutzten Arzt, der gerade referierte, wo die Bestrahlungen eventuell stattfinden könnten.

»Können Sie gleich auch den Transport zurück in den Rosengrund organisieren?«, sagte sie.

Ich ging dazwischen.

»Mutti, dafür ist der Chefarzt der Gynäkologie nicht zuständig. Das mache ich nachher. Das ist ein Anruf mit dem Handy. Hör jetzt lieber zu.«

Es trieb mich schier in den Wahnsinn, dass ihr der Rücktransport ins Altersheim wichtiger zu sein schien als die Informationen des Arztes über ihre Therapie.

Mutti fügte sich, hörte dem Arzt weiter zu, fragte aber in eine Pause hinein: »Und wer holt mich ab und bringt mich dahin?« Sie war besessen vom Thema Hol- und Bringedienst, obwohl es hier bisher nicht die geringsten Probleme gegeben hatte.

Nach dem Arztbesuch schimpfte ich mit ihr. Sie zeigte sich zerknirscht, nestelte aber schon wieder an der Karte mit der Nummer der Krankentransportfirma. Kurz überlegte ich, ob ich ihr die Karte wegnehmen und sie einfach aufessen sollte.

Mein Sohn Henri, angehender Theologe, riet mir, ein wenig geduldiger zu sein. »Wahrscheinlich hat sie Angst vor der OP, und das ist ihre Art, etwas anderes in den Vordergrund zu stellen, um das schnell wieder etwas wegzuschieben. Du musst da toleranter werden, Papa.«

Ich war stolz auf meinen Ältesten. »Mach ich, Sohn«, sagte ich. »Aber wenn sie noch einmal nach dem Krankentransport fragt, wenn es gerade um wichtigere Dinge geht, dann ...«

»... weist du sie ganz sanft darauf hin und leitest sie zurück zum wichtigen Thema. Du musst sie führen«, sagte Henri.

Ich bin sicher, dass mein Sohn ein guter Pastor wird. Er sollte allerdings nicht so viel »Game of Thrones« gucken. Nachher wird er noch so reizbar wie sein Vater.

# Alles muss raus!

Zwei Tage später hatte ich Geburtstag. An einem Samstag. Mutti rief morgens kurz nach sieben Uhr an und weckte uns. Es wurde ein sehr kurzes Gespräch. Um elf rief sie noch mal an: »War ein bisschen früh, oder? Aber ihr habt euch doch trotzdem gefreut, nicht wahr?«

»Ja, Mutti, ganz dolle.«

Eine Woche später wurde unsere Mutter operiert. Die OP verlief gut. Schon am gleichen Tag war sie wieder wach und ansprechbar. Neben ihr lag eine nette, alte Dame, mit der sich Traute gut verstand. Sie hatte die gleiche Krankheit und war am selben Tag wie Mutti operiert worden. Das verband die beiden. Und sie hatten beide die gleichen Verdauungsprobleme, die in aller Offenheit in meinem Beisein thematisiert wurden.

»Alles muss raus«, sagte Traute, als ob Winterschlussverkauf wäre.

»Nimm es doch mit Humor«, sagte Gesa später zu mir. »Du erzählst doch selbst dauernd Witze, bei denen es um Verdauung geht.« Da hatte sie auch wieder recht. Der beste Witz in diesem Kontext geht übrigens so:

»Herr Doktor, ich muss jeden Morgen um sieben Uhr abführen.«

»Na, das ist doch schön«, antwortet der Arzt. »Wo ist das Problem?«

»Ich steh immer erst um acht auf.«

# Henri besucht seine Oma

EIN PAAR TAGE SPÄTER besuchte Henri seine Oma im Krankenhaus. Er kam auf dem Weg nach Hause noch bei uns vorbei, weil er dringend erzählen wollte, wie der Besuch verlaufen war. Hier ist sein Erlebnisbericht:

*Also, ich ging rein in ihr Zimmer. Oma guckte mich nur fragend an und zeigte auf das Bad. »Sie ist da drin! Aber das dauert länger!« Sie meinte wohl ihre Zimmergenossin. Bevor ich sie fragen konnte, was mich das anginge, merkte ich, dass sie mich gar nicht erkannt hatte.*

*»Ich bin's, Henri«, sagte ich.*

*»Ach Henri«, war die Antwort. »Das ist ja schön, dass du deine Oma besuchst.«*

*Und dann erzählte sie, dass sie ja sauschlecht gucken könne und mich gar nicht erkannt hätte.*

*»Ach, das ist ja schade. Ich hab dir nämlich Zeitschriften mitgebracht«, antwortete ich.*

*»Doch, die kann ich ja noch lesen«, sagte Oma.*

*Ich wartete darauf, dass sie gleich noch ihren Klassiker bringen würde: »Rauf komm ich ja«!*

*Stattdessen fragte sie mich, wie alt ich jetzt sei.*

*»Fünfundzwanzig, Oma.«*

*»Fünfundzwanzig? Ich will nicht so nen alten Enkel!«*

*Anschließend zeigte sie mir stolz diesen Behälter, wo das Wundwasser aus ihrer Operationsnarbe rein- fließt, dafür brauchte sie aber ein bisschen länger, weil sie sich in dem Schlauch verheddert hatte.*

*Die Zimmergenossin kam aus dem Bad. Oma frag- te: »Und, warst du erfolgreich?«*

*Die antwortete: »Nee!«*

*Dann erklärte Oma mir, dass das bei alten Leuten eben wichtig sei mit der Verdauung. Sie hatte sich über- haupt eine sehr lockere Haltung angewöhnt. Einmal, erzählte sie, war sie morgens in der Toilette nackt beim Waschen. Allerdings bei offener Tür, weil sie dachte, wenn sie bei geschlossener Tür stürze, könne ihr nie- mand helfen. Und in diesem Moment kam die Truppe um den Chefarzt zur Visite ins Zimmer.*

*»Die haben ganz schön blöd geguckt«, erzählte Oma und lachte. »Aber das war doch ein bisschen peinlich«, ergänzte sie immerhin noch.*

*Ich wollte allmählich gehen, weil ich noch in die Uni musste. »Nur zu«, das unterstütze sie ja absolut, meinte Oma. »Lern du man schön.«*

*Eine Krankenschwester kam rein und fragte, ob sie den Kaffee abräumen könne.*

*Oma: »Die Tasse ist aber noch voll.«*

Schwester: »Also soll ich nicht abräumen?«

Oma: »Doch, der schmeckt mir nicht.«

Schwester: »Warum bestellen Sie ihn dann?«

Oma: »Ja, das hab ich jetzt einfach gemacht, ne?«

Schwester: »Frau Schlenz, Sie müssen nach Hause. Da schmeckt Ihnen der Kaffee dann auch wieder.«

(Schwester ging raus.)

Oma (rief hinterher): »Da mach ich ihn ja auch selber. Dann schmeckt er!«

Ich: »Oma, warum bist du denn so unfreundlich zu der?«

Oma (ignorierte die Frage): »Zu Hause mach ich mir doch immer diesen Nescafé.«

Ich: »Den löslichen?«

Oma: »Ja, der schmeckt. Das ist nicht so 'ne Plörre wie hier.«

Zum Abschied wollte sie mir unbedingt noch so einen eingeschweißten Keks mitgeben, den es im Krankenhaus immer zum Kaffee gab. »Weil der scheiße schmeckt«, sagte sie. Ich meinte, dann wolle ich ihn auch nicht, aber sie ließ sich nicht davon abbringen. Also hab ich ihn anstandshalber mitgenommen.


»Unsere Oma ist echt schrill«, sagte Henri kopfschüttelnd zu uns. »Ich glaub, nächste Woche fahr ich wieder hin.«

# Mutti baut wieder ab

EIN PAAR TAGE SPÄTER rief Mutti am frühen Morgen bei mir an. »Mein Sohn, es gab einen Zwischenfall, ich bin gestern fast gestorben.«

Ich bekam natürlich einen Riesenschreck und fuhr sofort hin. Meine Mutter lag erschöpft in ihrem Bett und redete von einem Kreislaufzusammenbruch. Mehr könne sie auch nicht sagen. Ich ging raus ins Schwesternzimmer und traf zum Glück auf die Stationsärztin. Und die konnte mich beruhigen. Meine Mutter hatte über Verstopfung geklagt und bekam – simultan mit ihrer ja ebenfalls von einer Obstipation betroffenen Nachbarin – ein Abführmittel. Es begann ein Wettbewerb: Wer würde sich als Erste lösen? Die Nachbarin siegte. Die Darmpassage war am frühen Abend vollständig geglückt! Bei Mutti ging es erst in der Nacht. Aber nicht ohne Komplikationen, wie wir später erfuhren. Weiß wie die Wand war sie von der Toilette zurückgekehrt und lag schwer atmend im Bett. Die Nachbarin rief die Schwester, die informierte die Ärztin, und anschließend stabilisierte das Team den Kreislauf meiner Mutter. Es war ihr nicht gut gegangen, aber von »fast gestorben« könne keine Rede sein, erklärte mir die Ärztin.

Trotzdem war der kleine Kreislaufzusammenbruch ein Wendepunkt. Mutti wirkte jetzt wieder viel hinfälliger und verwirrter. Dabei hatte sie die Operation doch scheinbar so gut überstanden. Ein Artikel aus der *Zeit*, auf den ich zufällig wenige Tage später stieß, half uns, diesen Rückfall besser zu verstehen. Unter der Überschrift »OP gelungen, Patient verwirrt« beschrieb der Journalistenkollege Martin Spiewak die dramatischen Folgen, die ein Krankenhausaufenthalt für ältere Menschen haben kann. Wie kann es sein, fragte er sich, dass Patienten nach einer Operation und vierzehn Tagen stationärer Behandlungen wie Demente wirken, obwohl sie vorher beinahe völlig klar waren? Die Antwort heißt »Delir«. So nennen Mediziner den Zustand starker Verwirrung nach einer Operation. Alles, was Spiewak als Symptome beschrieb, passte auf unsere Mutter: Verlust des Zeitgefühls, Desorientierung und starke Stimmungsschwankungen. Das alles kann jeden nach dem Stress einer Operation treffen: Bei jungen Patienten verschwinden die Symptome meist schnell wieder. Bei alten Menschen aber kann das Delir dramatische Folgen haben und zu einer dauerhaften Verschlechterung des Allgemeinzustands führen, selbst, wenn die eigentliche Operation gelungen ist. Sie fühlen sich entwurzelt, verängstigt, ausgeliefert und schutzlos und bauen gelegentlich in atemberaubendem Tempo ab. Und dann stehen die Angehörigen ratlos am Bett ihrer alten Verwandten und denken: »Was ist denn bloß mit Oma los? Jetzt hat sie eine tolle neue Hüfte und wirkt trotzdem wie ein Pflegefall?« Medikamentös lässt sich ein Delir nicht behandeln, aber man kann es durch sensiblen Umgang mit den Patienten lindern, indem man ihnen möglichst viel Stress erspart und sich Zeit für sie nimmt. Leider ein kostbares Gut in unseren Krankenhäusern.

Ich erzählte meinen Geschwistern von dem *Zeit*-Artikel, und wir beschlossen, die Tipps aus dem Magazin zu beherzigen und mit Ruhe, Verständnis und vielen Erklärungen auf unsere Mutter einzuwirken. Und das brachte tatsächlich was. Je sanfter und verständnisvoller wir mit Mutti umgingen, desto fitter wurde sie. Aber es dauerte einige Tage. Und es gab auch immer wieder Rückschläge. Einmal rief sie mich nach einem Besuch meines Bruders an:

»Ich bin's, Mutti. Also Kester war ja eben genervt.«

»Hallo Mutti. Ich bin's, Kester.«

»Ja, weiß ich doch.«

»Und ich war nicht genervt, weil wir gar nicht miteinander telefoniert haben.«

»Ja.«

»Du hast mit Gerald gesprochen. Ich bin's, Kester.«

»Ja, sag ich doch. Kester war genervt.«

# Mist, ich werde ja auch älter!

DER ABBAU MEINER MUTTER, ihre Krankheit, das Sterben meines Vaters – das alles sorgte dafür, dass ich mir selber verstärkt Gedanken auch über das eigene Altern machte. Ich bin jetzt achtundfünfzig Jahre alt. Ich kann mich wahrlich nicht über mein bisheriges Leben beklagen: Krisen habe ich, wie jeder, durchgemacht, aber ich bin seit sechsundzwanzig Jahren glücklich verheiratet, habe zwei gesunde, tolle Söhne, gute Freunde und bin mit dem Job zufrieden. Was will ich mehr? Ja, gute Frage. Was eigentlich? Ich will, dass eigentlich alles so bleibt. Aber wenn ich Fotos von früher von mir sehe und dann morgens in den Spiegel gucke, sehe ich, dass der Zahn der Zeit natürlich auch an mir genagt hat. Manchmal kann ich gar nicht glauben, dass diese kantige Visage mit den Falten und den Tränensäcken in Turnbeutel-Größe mir gehört. Ich gehe auf die sechzig zu. Ich bin nicht mehr jung. Dann nützt es auch nichts, dass ich mich in meinem gefühlten Alter so bei Mitte, Ende dreißig einschätze. Noch flexibel im Kopf und sowieso irgendwie immer noch der alte Kindskopf. Aber das ist ja so eine Sache mit dem Jungfühlen und der Flexibilität, die man sich gern einredet. Denn ganz so ist es nicht. Spießer sind meine Frau und ich sicherlich nicht geworden, aber schon deutlich bequemer. Eine schleichende Altersbequemlichkeit bemächtigt sich unser. Ich beobachte diese Entwicklung bei mir und unseren Freunden schon länger. Je älter ich werde, desto weicher und lahmer wird mir ums Gemüt. Dieser Prozess dauert an. Man könnte das Ganze auch Altersweichlichkeit oder Best-Ager-Smoothing nennen. Ein bisschen wie bei Mutti und Papa nimmt die schleichende Vergreisung Besitz von mir, und auch meine Frau ist infiziert. Eine sanfte Gemütlichkeit tröpfelt mehr und mehr in unser Leben. Abends säuselt Soft-Jazz aus den Boxen. Morgens lassen wir uns mit einem sanften Largo von Klassik-Radio wecken. Wir gucken im Kino »Feelgood«-Filme, und neulich sind wir sogar bei so einer TV-Romanze hängen geblieben und haben uns hinterher nicht mal geschämt. Freitags gibt's ein oder zwei Gläser Wein zur Talkshow im Dritten. Unter der Woche wird brav Ingwertee getrunken. Statt in Clubs oder Rockkonzerte zu gehen, treffen wir uns privat mit Freunden. Man bekocht sich wechselseitig mehrgängig. Gern wird der Wein kommentiert. Früher dübelte man sich die Zwo-Liter-Flasche »Chateau Schädel« für zwei Mark rein. Heute diskutieren wir, ob es zum Bio-Rind der Spätburgunder oder doch lieber der kräftige Lagrein aus Südtirol sein soll. Verstehen Sie mich nicht falsch: Ich mag diese Abende. Wir essen, trinken und haben Spaß miteinander. Ich stehe zu diesen Abenden. Aber sie haben auch etwas einlullend Behagliches. Wir setzen uns nichts mehr aus. Wir vermeiden Stress. Ich verstehe meine Eltern jetzt besser als vorher. Man braucht Kraft, sich der schleichenden Bequemlichkeit zu widersetzen. Zwar gehen wir noch aus, aber anstrengend sollte es möglichst nicht sein. Eine die Ereignisse vorsortierende »Och, nee«-Haltung hat sich unser bemächtigt. »Wie – das Theaterstück dauert drei Stunden? Och nee – das ist too much.« »Was – Neil Young hat eine Vorgruppe? Och nee, dann dauert das Konzert ja so lange. Hören wir lieber eine CD. Aber nicht eine von denen, wo er mit seiner rauen Band Crazy Horse spielt, sondern ›Harvest‹, wo er so schön vor sich hin schmachtet.«

Oft will ich einfach nur gemütlich zu Hause bleiben. Aber ich widersetze mich. Und meist macht es zum Glück noch Spaß, was zu unternehmen. Auch wenn ich oft gegen dreiundzwanzig Uhr hundemüde werde. Ist ein bisschen doof, wenn man zum Essen eingeladen ist. Den toten Punkt kann ich immer nur überwinden, indem ich anfange, viel zu erzählen. Das hält mich wach, sorgt aber dafür, dass mir später im

Auto Vorwürfe gemacht werden, dass ich mal wieder ununterbrochen gesendet hätte. Ich merke auch, dass ich insgesamt nicht fitter werde, um es mal freundlich zu formulieren. Gesa und ich versuchen beide, den Abbau aufzuhalten, indem wir regelmäßig laufen. Und ich habe mir auch, weil ich ständig Rücken habe, ein schickes Rudergerät gekauft, auf dem ich dreimal die Woche fünfundzwanzig Minuten alles gebe. Jedes Mal, wenn ich schwitzend auf diesem Ding sitze, denke ich: Hier rudert ein alter Sack verzweifelt und wütend gegen den Verfall an. Und dann rudere ich noch härter.

Im Job sind die meisten Kollegen mittlerweile jünger als ich, und viele in meinem Alter planen schon ihren Vorruhestand. Für mich eine unmögliche Vorstellung. Ich möchte noch möglichst lange mitmischen und kann mir so etwas wie Ruhestand, Vorruhestand oder Nachruhestand überhaupt nicht vorstellen. Aber er rückt näher. Unaufhaltsam. In den letzten Jahren habe ich so viel Zeit in Krankenhäusern, bei Ärzten und auch in Hospizen verbracht, dass ich gezwungenermaßen mehr darüber nachgedacht habe, wie ich eigentlich selber einmal sterben möchte. Bisher habe ich das immer mehr oder weniger erfolgreich verdrängt. Meine Frau ist da ganz anders. Sie hat sich in mehreren Kursen zur Sterbebegleiterin ausbilden lassen und geht sehr offensiv mit diesem Thema um. Sie sagt, es helfe ihr, dadurch der eigenen Endlichkeit gelassener entgegenzusehen. Also: Wie will ich sterben? Sicherlich – wie alle – am liebsten schnell und schmerzlos. Am besten, ohne es vorher zu wissen. Gesa sieht das anders. Sie möchte sich unbedingt verabschieden und ihre Dinge regeln können, bevor es zu Ende geht. Ich kann das verstehen, würde aber trotzdem das schnelle, plötzliche Ende irgendwie vorziehen. Zack und weg! Mit dem Schnell-Sterben ist das aber so eine Sache. Wir alle können das ja nicht wirklich planen. Aber das Sterben meines Vaters und meiner Schwiegermutter im Hospiz hat mir ein Stückweit die Angst vor dem eigenen Ende genommen. Weil ich bei beiden das Gefühl hatte, dass sie weitgehend schmerzfrei und in Frieden mit sich gestorben sind. Wie es scheint, muss heute niemand mehr unter Schmerzen und allein in irgendwelchen Krankenhausbetten dahinsiechen, bis es endlich vorbei ist. Vorausgesetzt er oder sie beziehungsweise die Verwandten kümmern sich rechtzeitig um alles. Ich habe jedenfalls eine Patientenverfügung aufgesetzt, die regelt, dass ich nicht künstlich am Leben erhalten werden möchte. Und ich möchte in ein Hospiz, wenn es zu Ende geht. Eines aber ist mir angesichts des Schicksals meiner Eltern und meiner Schwiegermutter klar geworden. Einfach nur alt werden ist kein Wert an sich. Es geht immer darum, wie man sich dabei fühlt. Das Siechtum, das Immer-weniger-tun-Können, das Hilflos-Sein, das ist es, was den Menschen zu schaffen macht. Ich erlebe es ja gerade bei meiner Mutter.

# Wirrwarr im Krankenhaus

IRGENDWANN KLINGELTE wieder mal das Telefon. Mein Bruder war dran und erzählte mir eine bizarre Geschichte.

Als er zufällig in der Wohnung unserer Mutter war, sah er den Anrufbeantworter blinken. Er hörte ihn ab und lauschte mit Verwunderung einer Nachricht des Krankenhauses. Meine Mutter, so die Ärztin, solle denn nun sehr bald entlassen werden, und auf diesem Wege wolle sie, die Ärztin, das schon einmal ankündigen. Wirklich eine Meisterleistung! Wir hatten sowohl der Stationsärztin als auch dem Chefarzt erklärt, dass unsere Mutter alleinstehend war und aus dem Krankenhaus erstmals nach Monaten wieder in ihre Wohnung solle, weil sie nicht mehr im Pflegeheim bleiben könne. Und obwohl wir alle unsere Telefonnummern hinterlegt hatten, rief das Krankenhaus nun die leere Wohnung der Patientin an und hinterließ dort auf dem AB die völlig sinnlose Nachricht, dass die Patientin entlassen werden solle. Unsere Mutter hatte noch nicht mal ihren Schlüssel für die Wohnung dabei, weil wir die erst noch für ihre Rückkehr etwas umräumen wollten. Im Pflegeheim rief die verplante

Ärztin auch noch an und kündigte unsere Mutter an. Es schien sie auch nicht weiter nachdenklich zu machen, dass das Heim sagte, die Patientin sei dort ausgezogen und solle zurück in ihre Wohnung.

Mein Bruder und ich waren ratlos. Vor der OP hatten wir mit dem Chefarzt bei einem Besprechungstermin abgemacht, dass meine Mutter operiert werde, sich wieder erholen solle und wir uns dann im Krankenhaus an ihrem Bett treffen würden, um das weitere Vorgehen zu besprechen. Davon war jetzt offenbar keine Rede mehr.

Wir wussten zu diesem Zeitpunkt eigentlich nichts Konkretes. Wir kannten den Stand ihrer Erkrankung und den Zustand ihrer OP-Wunde nicht. Wir wussten nicht, ob und wo sie die Bestrahlungen machen musste. Wir wussten auch nicht, ob der Onkologe oder der Hausarzt für unsere Mutter in Zukunft zuständig war, und auch nicht, welche Tabletten sie denn nun in Zukunft nehmen sollte und wer sie ihr verschreiben und verabreichen würde. Natürlich war für das alles nicht unbedingt das Krankenhaus zuständig. Aber ein gemeinsames Gespräch mit den Ärzten wäre zur Orientierung schon sehr sinnvoll gewesen, statt einfach mal so eben eine Entlassung anzukündigen. Mit Mutti hatte natürlich auch niemand vernünftig gesprochen, wie wir nach einem Telefonat mit ihr erfuhren. Ständig, erzählte sie uns, habe jemand anderes an ihrem Bett gestanden, sie untersucht, begutachtet und »befummelt«, wie sie es ausdrückte, und von baldiger Entlassung gesprochen. Aber nie sei irgendjemand konkret geworden und habe mal klare Ansagen gemacht. Wir spürten, dass Traute massiv verunsichert war.

Ich befürchtete, dass das Krankenhaus unsere Mutter möglichst schnell abschieben wollte, weil sie sehr schwach, etwas desorientiert und hilflos war. Ein – wie ich fand – trauriges, aber eindrucksvolles Beispiel für die Veränderungen im medizinischen Betrieb. Früher konnte man nach Meinung der Ärzte aus »medizinischer Sicht« gar nicht lange genug im Krankenhaus bleiben. Eine zu frühe Entlassung sei nicht zu verantworten, hörte man da. Neuerdings – so ist mein Eindruck – entlässt man die Leute – vor allem Kassenpatienten – offenbar gern auch mal taumelnd und hilflos nach Hause, weil die Fallpauschale gezahlt wurde. Und fertig ist die Sache. Ich habe das selber mal nach einer Operation an der Wirbelsäule erlebt, als man mich sehr früh nach Hause entließ. Ich bin zuhause fast durchgedreht vor Schmerzen. Meine Frau rief im Krankenhaus an und hörte dort, dass man – uups – doch glatt vergessen habe, mir Schmerzmittel mitzugeben. Na, sorry.

Und was sollten wir nun mit Muttis drohender Entlassung machen? Wir beschlossen, uns erst einmal nicht im Krankenhaus zu melden. Schließlich hatte niemand bei uns angerufen. Und es geschah: nichts. Wieder einmal bewies sich: Wenn man sich als Angehöriger gelegentlich tot stellt, handelt das Krankenhaus oder eben nicht. In diesem Fall wurde meine Mutter zumindest am Freitag noch nicht entlassen. Wenigstens – so dachten wir – hatten wir am Wochenende noch Ruhe.

Am Samstag fuhr ich ins Krankenhaus. Mutti freute sich, war aber sehr angeschlagen. »Ich soll Montag entlassen werden«, sagte sie mit klagender Stimme. Ich schüttelte nur stumm den Kopf. Neben ihrem Bett hing ein Beutel, in den immer noch Wundflüssigkeit aus ihrer OP-Narbe tropfte. Und diese Frau wollten sie nach Hause schicken? »Mutti, ich kümmere mich«, sagte ich und eilte ins Schwesternzimmer. Nach einigem Hin und Her stellte sich schließlich heraus, dass die Ärztin mit den beknackten Anrufen offenbar nicht wusste, dass unsere Mutter nicht wieder ins Pflegeheim konnte, sondern nach Hause sollte. So verstand ich das Ganze schon besser. Im Pflegeheim hätten sie die Wunde natürlich auch versorgen und unsere Mutter wieder aufpäppeln können. Zuhause wäre das schon sehr viel schwieriger geworden. Ich handelte mit der Stationsärztin den folgenden Deal aus: Montag würde ich beim sozialen Dienst des Krankenhauses und bei den behandelnden Ärzten anrufen, um zu klären, wer überhaupt wann für was zuständig sei. Bis zur Antwort auf all diese Fragen würde Traute auf jeden Fall noch im Stift bleiben können. Ich atmete auf. Ich hatte eine Art Galgenfrist herausgehandelt.

Mein Rat an alle Angehörigen: Schreiben Sie schon bei der Einlieferung einen großen Zettel. Auf dem sollte stehen: »Meine Mutter ist alleinstehend. Vor einer eventuellen Entlassung bitte unbedingt die folgenden Angehörigen telefonisch rechtzeitig informieren, damit alles entsprechend vorbereitet werden kann. Meine Mutter hat auch keinen Schlüssel für ihre Wohnung, weil wir dort renovieren.« Das mit dem Schlüssel ist sehr wirkungsvoll, weil das Krankenhaus ja kaum einen Patienten vor die verschlossene Haustür kippen kann.

# Mutti allein zu Haus

HENRI BESUCHTE SEINE OMA am Sonntag auch noch mal. Mutti war inzwischen etwas besser drauf und konnte sogar schon wieder etwas austeilen. Sie hatte ein eher gebrochenes Verhältnis zu Henris Theologiestudium. Einerseits fand sie es irgendwie toll und erzählte gern ihren Nachbarn, dass ihr erster Enkel Pastor wird, andererseits konnte sie mit der Kirche und dem Christentum nicht sehr viel anfangen. Besonders die Gottesdienste – wenn sie denn überhaupt mal einen besuchte – langweilten sie. Unvergessen ist, wie sie einmal an Weihnachten mit meinem Bruder und seiner Familie in der Kirche war. Hinterher regte sie sich sehr über eine Frau auf, die neben ihr gesessen hatte. »Die dumme Nuss konnte jedes Lied mitsingen«, beschwerte sie sich bei Henri, der auf diesen Vorwurf auch als bereits geschulter Theologe keine rechte Antwort wusste. Es war halt so, als ob man einem Besucher eines Adele-Konzerts vorwirft, die Lieder der Sängerin zu kennen und mitzusingen. Meine Eltern hatten schon immer beide leicht gefremdelt. Besonders mein Vater scannte in ungewohnter Umgebung sofort alle Menschen ab, suchte sich jemanden heraus, der ihm missfiel, und kompensierte seine Unsicherheit mit leidenschaftlichem Hass auf die betreffende Person. Mutti stimmte stets sofort mit ein. Dieser Hass konnte durch eine doofe Hose, eine beknackte Frisur, eine schrille Stimme oder einen hässlichen Hund ausgelöst werden. Es war beinahe egal, was es war – Hauptsache, die beiden konnten jemanden scheiße finden. Dann ging es ihnen besser. Mutti hatte diese Technik auch als Witwe beibehalten. Da sie nun nicht mehr so oft unterwegs war, mussten ihre direkte Umgebung oder Leute im Fernsehen herhalten, um negative Energien abzubauen. Einmal musste der bedauernswerte Tagesthemen-Moderator Thomas Roth eine Hasstirade meiner Mutter wegen seiner Frisur und seines Schnauzers über sich ergehen lassen. Gut, dass er das nicht mitgekriegt hat. Dass er aussieht wie »ein geplatztes Sofakissen«, hätte er bestimmt nicht gern gehört.

Einen Tag später rief mich die Stationsärztin an. Unsere Mutter solle nun in zwei Tagen, am Mittwoch, entlassen werden. Man würde sie mit einem Krankentransport nach Hause bringen. Ich sagte zu, dass jemand in der Wohnung auf sie warten würde. Die Ärztin riet mir noch, den sozialen Dienst des Krankenhauses anzurufen, um uns Ratschläge für die weitere Betreuung unserer Mutter zu holen. Das tat ich umgehend, und die Dame am Telefon entpuppte sich als hilfreicher Engel. Sie versprach, ein Rezept für die Versorgung von Muttis Wunde und die tägliche Tablettengabe durch einen Pflegedienst des Roten Kreuzes zu organisieren. Das hatte sie schon vorab mit unserer Mutter besprochen. Und es klappte auch alles hervorragend. Kaum war Mutti zuhause angekommen, erschien auch schon eine Dame vom Roten Kreuz. Und kurz darauf klingelte auch schon der Mann von »Essen auf Rädern«, den mein Bruder bereits wieder aktiviert hatte. Prima! Wir hatten für eine zahnradartige Versorgung unserer Mutter gesorgt!

Die aber fremdelte erst einmal mit ihrer Wohnung. »Ich find mich nicht mehr zurecht«, klagte sie. »Ich muss erst wieder lernen, wo der ganze Scheiß ist.«

»Das wird schon, Mutti«, trösteten wir sie. »Ist ja auch alles sehr aufregend gerade.«

Trotzdem machten wir uns Sorgen, ob es mit Traute und der eigenen Wohnung auch wirklich gut gehen würde. Wir telefonierten mit unserer Schwester und beschlossen, schon einmal vorsorglich nach Einrichtungen für betreutes Wohnen zu suchen. Die fanden wir auch schnell, allerdings zog man uns bei allen sofort »den Stecker«. Es gab überall Wartezeiten zwischen ein und drei Jahren!

»Es wird schon irgendwie klappen«, sagte Gerald und sah dabei nicht sehr überzeugend aus.

# Früher, als ich Zivi war. *Teil 4*

*Es gingen später noch ein paar andere Zivis auf an-
dere Posten als den Hol- und Bringedienst – vor allem
auf die verschiedenen Stationen, wo sie den Schwestern und Pflegern halfen. Ein Zivi namens Lemmy ging
ausgerechnet auf die speziell gesicherte Quarantäne-
station für die ansteckenden Krankheiten, obwohl er
ohnehin schon sehr bleich und kränklich aussah. Er
hieß vom ersten Tag seines neuen Jobs an bei uns nur
noch »Seuchen-Lemmy«.*

*Wir trafen uns alle immer regelmäßig in unserem
Zivi-Raum, einem rauchgeschwängerten Zimmer im
Untergeschoss. Dort ging es recht unterhaltsam zu. Al-
kohol war zwar verboten, aber nicht verpönt. Legen-
där wurde eine Wette. Ein Kollege, der wegen seiner
immer etwas trägen Körperhaltung von uns »Der Tapir« genannt wurde, behauptete, er könne wie Paul
Newman in dem Film »Der Unbeugsame« in einer
Stunde zwanzig hartgekochte Eier essen. Newman
hatte zwar fünfzig gegessen, aber wir fanden zwanzig schon viel. Kurz darauf lagen hundert Mark auf
dem Tisch. Eier wurden gekocht, und der Tapir musste Farbe bekennen. Aber stoisch wie er war, dübelte*

*er sich ein Ei nach dem anderen rein. Ab Ei Nummer zwölf wurde er langsamer, schaffte aber die ganzen restlichen in vierzig Minuten. Und abends ging der Tapir noch Pizza essen.*

Aber wenn wir Zivis auch ein ziemlich irrer Haufen waren – die Patienten im Krankenhaus mochten und schätzten uns. Wir waren junge, etwas verlotterte Idealisten, die damals noch für ihre Kriegsdienstverweigerung eine »Gewissensprüfung« vor einer Art Gericht über sich ergehen lassen mussten. Ich möchte mal behaupten, dass wir uns tatsächlich bemühten, uns ethisch-moralisch korrekt zu verhalten. Und das konnten wir im Zivildienst beweisen. Ich höre immer wieder, dass man noch heute in den Krankenhäusern, Altenheimen und Behinderteneinrichtungen des Landes den Zivis nachtrauert, denn sie waren nicht nur billige Arbeitskräfte, sondern überwiegend junge Männer, die sich kümmerten, trösteten, sich mal Zeit für ein Gespräch mit alten Menschen nahmen und ein bisschen mehr Menschlichkeit und Fröhlichkeit in den Krankenhaus- und Pflegebetrieb brachten. Viele Schwestern und Pfleger haben wegen der immensen Arbeitsbelastung ja immer weniger Zeit, zum Beispiel mal mit einem alten Patienten ein bisschen zu reden, der auf dem Gang eines Krankenhauses in einem Bett liegend darauf wartet, in den OP-Bereich geschoben zu werden.

*Ich bin ja eigentlich nicht für Zwang, aber ich denke, es wäre ein Segen für die gesamte Gesellschaft, wenn man ein verpflichtendes soziales Jahr nach der Schule für alle Jungen und Mädchen einführen würde. Die Kids lernen dann was fürs Leben, und vielen Menschen wird so geholfen.*

# Überall Polizei, aber Mutti denkt an Braten

EIN PAAR TAGE SPÄTER musste ich mit meiner Mutter noch einmal ins Krankenhaus fahren, weil wir mit der Oberärztin abgemacht hatten, dass sie sich die Operationswunde unserer Mutter noch einmal ansehen wollte. Mutti war einerseits angetan von so viel ärztlicher Zuwendung, andererseits aber genervt, weil sie nun wieder das Haus verlassen sollte. Und es war natürlich klar, dass sie sich die Fahrt keinesfalls allein zutraute, auch nicht mit einem Taxi.

Ich holte Mutti also am späten Nachmittag ab, wuchtete ihren Rollator ins Auto und half ihr auf den Beifahrersitz. Sie war eigentlich ganz gut beisammen, aber ich merkte, dass sie irgendwie doch einen etwas eingeschränkten Wahrnehmungshorizont hatte. Denn auf der Fahrt kamen wir an eine Kreuzung, an der es offenbar einen größeren Unfall gegeben hatte. Überall hörte man Polizeisirenen und sah Blaulicht. Ein Beamter leitete den Verkehr um die Unfallstelle herum. Über uns knatterte ein Rettungshubschrauber, der dann auch noch auf einem Parkplatz direkt neben uns landete. Es war eine irrwitzige Action. Für Mutti normalerweise ein sensationelles Erlebnis – echter Thrill direkt vor uns. Doch diesmal sah meine Mutter einfach durch alles hindurch, erzählte vom gestrigen Essen und dass sie gern Erdbeermarmelade fürs Frühstück hätte. Ich musste unwillkürlich an eine Folge der Filmreihe »Die nackte Kanone« denken. Darin gibt es eine Szene, in der der Hauptdarsteller, ein Polizist, vor einer Menschenmenge steht und ruft: »Gehen Sie bitte weiter. Hier gibt es nicht das Geringste zu sehen.« Und hinter ihm brennt ein ganzer Wohnblock, in den gerade ein Tanklaster gerast ist.

Mutti benahm sich ähnlich. Sie erhob lediglich etwas die Stimme, als der Lärm der Hubschrauber-Rotoren ins Innere meines Wagens drang, und erzählte weiter, dass sie gern mal wieder einen Braten essen würde.

Schließlich erreichten wir das Krankenhaus, meldeten uns an und gingen Richtung Behandlungszimmer der Ärztin. Auf der entsprechenden Station hielt Mutti Hof. Die Schwestern grüßten, sie grüßte huldvoll zurück.

»Na, was macht die Verdauung, Frau Schlenz«, fragt eine.

»Flutscht«, sagte Mutti.

Ich lächelte gequält.

»Weißt du, das ist wichtig, mein Junge«, sagte meine Mutter. »Da kann man auch ruhig mal drüber reden.«

Die Schwestern nickten und kicherten. Cool, die-se Krankenschwestern. Denen ist nichts Menschliches fremd.

Dann wurde Mutti reingerufen. Ich wartete draußen.

# Früher, als ich Zivi war. *Teil 5*

*Ich war in der Ambulanz aber nicht nur als Pfleger tätig. Auch dort bekam man mit, dass ich »ganz gut sabbeln« konnte, und so ließ man mich irgendwann die Telefonate mit den Angehörigen führen, die informiert werden sollten, dass der Sohn, die Tochter, die Oma oder die Mutti gerade in der Ambulanz versorgt wurde und wohl besser in Kürze abgeholt werden sollte. Ich hatte da eine spezielle Technik entwickelt, um gleich klarzustellen, dass man sich keine allzu großen Sorgen machen müsse. Ich meldete mich immer so: »Hier ist die Chirurgische Ambulanz des Krankenhauses Rübental. Kriegen Sie bitte keinen Schreck, aber Ihr Gatte wird hier gerade bei uns verarztet.« Das Wort »verarztet« klang besser als »behandelt« oder gar »operiert«. Weniger gut war eine Gesprächseröffnung wie diese: »Guten Tag, Frau Müller, hier ist das Krankenhaus Rübental. Sind Sie die Frau von Artur Müller, geboren am 24.3.56?«*

*Da klappte schon mal eine/r am anderen Ende zusammen. Hier war viel Fingerspitzengefühl vonnöten.*

Ich wurde auch oft gerufen, wenn Kinder versorgt werden mussten. Die hatten natürlich immer große Angst vor dem Wundennähen oder einer Tetanus-spritze. Der Chefarzt, der auch immer mal wieder in der Ambulanz Dienst tat, hatte da wenig Verständnis. Ich erinnere mich, wie entsetzt ich war, als dieser verknöcherte, alte Front-Mediziner einmal zu einem weinenden Mädchen mit einer Schnittwunde am Arm sagte: »Heul nicht, dummes Gör.« Wäre ich der Vater des Mädchens gewesen, hätte anschließend der alte Sack geheult. Ich hatte da andere Methoden und lenkte die Kids lieber mit irgendwelchen Faxen ab, blies OP-Handschuhe auf oder erzählte Witze. Einer fing so an: »Geht ein Po durch den Wald und hat schlechte Laune ...« Da lachten die meisten schon sehr, und – piks – war sie drin, die Spritze. Jetzt wollen Sie, liebe Leserinnen und Leser, natürlich wissen, wie der Witz weitergeht. Also der Po hat schlechte Laune. Ein Vogel kommt vorbei und sagt: »Hey, Po, warum so schlecht gelaunt?« Und der Po antwortet: »Ich hab die Nase voll davon, ein Po zu sein. Ich will lieber ein Vogel sein, wie du.« Da sagt der Vogel: »Du, ich kann zaubern. Pass mal auf. Simsalabim, jetzt bist du auch ein Vogel.« »Supie«, jubelt der Po, »vielen Dank.« Als er weitergeht, trifft er auf einen anderen Vogel, und der sagt: »Hey, Po, wie geht's denn so?« Sagt der Po: »Ey Mann, ich bin kein Po mehr. Ich bin jetzt ein Vogel.« »So, so«, antwortet der Vogel, »dann pfeif doch mal.«

Sie können sich denken, was nun kommt: na, klar, ein Pups-Geräusch. Ein Riesenbrüller bei kleinen Kindern und betrunkenen Jugendlichen!

Unvergessen ist auch ein legendärer Praktikant, den wir eine Zeitlang bei uns in der Ambulanz hatten. Rüdiger war ein angehender Kapitän zur See, der für sein Patent den Nachweis von Grundkenntnissen in der Wundversorgung etc. erbringen musste. Und die lernte er bei uns in der Ambulanz. Rüdiger stellte sich recht geschickt an, ließ aber im Dialog mit den Patienten gelegentlich das rechte Fingerspitzengefühl vermissen. Es kam nicht gut, einen Jugendlichen, dem an Silvester ein Böller in der Hand losgegangen war, zu fragen: »Na, mein Freund. Wo brennt's denn?« Aber ich mochte Rüdiger sehr und schätzte seinen rauen Humor. Jeden Abend verabschiedete er sich mit dem gleichen blöden Spruch von mir: »Bis morgen in alter Frische – oder mit 'ner frischen Alten.«

# Hackepeter und Rouladen

MUTTI ERHOLTE SICH zu Hause immer mehr. Täglich kam das Rote Kreuz vorbei, und Mutti bekam einen frischen Verband und ihre Tabletten. Ich rief den Onkologen an, um zu klären, wann Traute sich denn nun dort wieder bei ihm vorstellen und wie es denn nun generell weitergehen sollte.

Der Arzt fing sofort wieder an, von der Originalität meiner Mutter zu schwärmen. »Am liebsten hätte ich sie sofort hier«, sagte er. »Aber wir warten noch ein paar Wochen, bis die Wunde endgültig abgeheilt ist. Und dann müssen wir über etliche Bestrahlungstermine reden, denn der Chirurg konnte nicht alle befallenen Stellen entfernen. Wenn die Bestrahlung geschafft ist, hat Ihre Mutter wie gesagt mit hoher Wahrscheinlichkeit keine Probleme mehr mit dem Krebs.«

Das war insgesamt eine gute Nachricht, fand ich. Vor ein paar Monaten waren wir noch mit einem offenen Brustkrebs konfrontiert gewesen, der nicht ohne weiteres zu operieren war. Und jetzt war das schon mal geschafft.

Ich erzählte meiner Mutter, was der Arzt gesagt

hatte und dass es nun wohl nur noch um ein paar Bestrahlungen gehen würde, die nach Aussagen des Mediziners auch nicht sehr unangenehm werden würden. Muttis Antwort war: »Und wie komm ich da hin?«

»Das wird wie immer geregelt, Mutti«, antwortete ich und hob die Augen gen Decke.

Traute verzichtete jetzt auch zuhause auf Fiffi, ihre Perücke. Nach all den Jahren kehrte sie zurück zu einer neuen Natürlichkeit. Sie habe, erzählte sie mir, auch einen Hausbewohner von oben gefragt, wie er sie denn ohne Perücke finde.

»Und was hat er gesagt?«, fragte ich.

»Er hat gesagt, dass er mich mit Fiffi besser fand, der Pisser«, antwortete Mutti.

Die Tage vergingen. Mutti wurde weiter vom Roten Kreuz betreut, bekam ihr Essen und viel Besuch von Gerald und mir.

Zwischendurch rief sie gern mal an und sagte, nachdem man sich gemeldet hatte: »Ach, du bist das!«

Anschließend gab es Berichte aus ihrem Haushalt wie etwa diesen:

»Heute Nacht ging um fünf Uhr mein Radio an. Und eine Viertelstunde danach wieder. Da habe ich den Stecker rausgezogen.«

Oder diesen:

»Ich kriege meine Waschmaschine nicht auf. Ist ja aber auch egal.«

Oder diesen:

»Milch im Kaffee schmeckt beschissen. Für mich kommt nur Kaffeesahne in Frage.«

Oder diesen:

»Schwarzbrot mag ich nicht. Da kaut man sich ja einen Wolf.«

Oder diesen:

»Heute hab ich Rouladen gegessen. Die schmeckten aber beschissen.«

Oder diesen:

»Ich würd gern mal wieder Hackepeter essen.«

Eines Tages hatte sie aber sofort meine ungeteilte Aufmerksamkeit, als sie anrief. Denn ich erfuhr, dass Kant sie besucht hatte. Einfach so. Er habe mal nach ihr sehen wollen.

»Und?«, fragte ich, »was hat er gesagt?«

»Er war voller Bewunderung für mich, wie gut ich das alles wegstecke.«

»Und das völlig zu Recht, Mutti.«

»Ja, ich war aber noch ein bisschen schwach, weil ich ja Durchfall hatte.«

»Ja, nee, schon klar, Mutti. Aber irre, dass der ganz von allein gekommen ist.«

»Nee, der ist doch vom Grünkohl gekommen.«

»Ich meine deinen Hausarzt, Mutti. Nicht den Durchfall.«

»Ach so, ja, der ist ganz von allein gekommen, dieser Doktor Kant. Netter Mann, obwohl der so eine doofe Tasche hat.«

# Humor hilft

IMMER WIEDER GAB ES skurrile, unfreiwillig komische Gespräche zwischen uns. Das Beste dabei war aber, dass auch Mutti meist gemeinsam mit uns lachen konnte, wenn es komische Missverständnisse gegeben hatte. Mit viel Humor ließ sich das alles einfach viel besser ertragen.

Das galt auch für Gespräche in unserem Freundeskreis. Unsere Freundin Muriel erzählte zum Beispiel von einem Kaffeetrinken im Heim ihrer Mutter. Dort saßen in der Kantine zweihundert meist demente Bewohner. Der neue Chef des Hauses wollte sich seinen Bewohnern präsentieren, hatte aber offenbar noch nicht drauf, was so geht mit den alten Leuten. Die starrten ihn nur an, als er überflüssigerweise mit einer Powerpoint-Präsentation das »Business« des Hauses erklärte. Es herrschte – abgesehen vom endlosen Strom der Chefworte – eine beinahe gespenstische Stille. Das Küchenpersonal servierte sehr vorsichtig Kaffee und Kuchen. Man wollte ja den Chef nicht bei seiner schönen Rede stören. Doch als die Heimbewohner den Kuchen vor sich sahen, ließen sie sich nicht lange bitten und spachtelten fröhlich los. Zweihundert Kuchengabeln knallten auf Teller. Kaffeetassen wurden abgesetzt. Porzellan traf Porzellan. Die Chef-Rede ging unter in einer Kakophonie von Geschirr- und Besteckgeräuschen. Der Chef brach ab. Er hatte seine Lektion gelernt.

Muriel setzte sich zu ihrer dementen Mutter und trank auch eine Tasse Kaffee. Eine alte Dame schlurfte an ihrem Tisch vorbei. Muriels Mutter zeigte auf sie und sagte laut: »Die ist auch verrückt.« Dann aß sie weiter.

Ein anderer Freund, Martin, erzählte, dass in seinem Betrieb, einer großen Versicherung, ein längst pensionierter, an Alzheimer erkrankter Mitarbeiter immer noch jeden Tag erschien. Er stand ab morgens am Empfang und textete die Pförtner zu. Er aß in der Kantine. Er saß in Warteräumen, las, grüßte freundlich die Vorbeigehenden, trank Kaffee, und gegen 16.30 Uhr zog er sich den Mantel an und ging nach Hause zu seiner Frau.

Viele Kollegen, erzählte Martin, meinten, dass man da doch was machen müsse. Das ginge doch nicht so weiter mit dem alten Mann. Aber Martin sah das anders. Der Pensionär störte niemanden. Er war glücklich in seinem alten Umfeld, und seine Frau hatte tagsüber ihre Ruhe. Er verstand nicht, wo das Problem sein sollte. Der Mann hatte vierzig Jahre lang für das Unternehmen gearbeitet. Warum sollte ihm sein Arbeitgeber nicht diesen letzten Dienst erweisen und seine Anwesenheit dulden? Ich fand das nachvollziehbar.

# Bombennächte und eine blutige Schwester

MUTTI FRAGTE MICH BEI meinen Besuchen oft, was denn unser Buch mache. Ich erzählte ihr, was ich gerade so schrieb, und las ihr einige Stellen vor. Sie amüsierte sich köstlich oder saß nur da und nickte. Besonders interessant fand sie meine gelegentlichen Ausflüge in die Vergangenheit unserer Familie. Und auf einmal begann sie selber, von früher zu erzählen: Meine Mutter ist 1934 geboren, hat also den Zweiten Weltkrieg als Kind in Kiel erlebt. Die Stadt war als Marinestützpunkt heftigem Bombardement der Alliierten ausgesetzt. Mutti erzählte von den Bombennächten, den Toten, der Zerstörung und dem Verlust jeder Sicherheit. Das Bild einer brennenden Kirche, erzählte sie, sei bis heute fest in ihr Gedächtnis eingebrannt. Sie schilderte das Heulen der Sirenen und die eilige Flucht in den Keller oder den Luftschutzbunker. Dort saßen sie und ihre Eltern und ihre beiden Schwestern Ulla und Inge dann mit den anderen Menschen im Dunkeln, hörten das Dröhnen und Donnern von den Bombenexplosionen, die sie Adolf Hitler und seinen Nazis zu verdanken hatten. Und wenn sie wieder nach oben kamen, sah ihr Viertel jedes Mal anders aus: verwundeter, zerstörter. Und oft lagen die Toten aufgereiht am Straßenrand. Mutti erzählte, wie das Essen knapp wurde und dass man so gut wie nie mehr richtig satt wurde. Fleisch war Luxus. Ich glaube, dass in diesen Erlebnissen Muttis bedingungslose Liebe zu Braten und Aufschnitt begründet liegt. Auch wenn sie heute Verdauungsprobleme hat: Fleisch ist ihr Gemüse. Am besten mit Kartoffeln und viel Soße, auch wenn es ihr danach nicht immer gut geht.

Meine Mutter ist damals im Krieg nie von meinen Großeltern getrennt gewesen. Mein Vater hat noch die Kinderlandverschickung mitgemacht und sehr darunter gelitten, dass er von seiner Familie getrennt war. Gesas Mutter Astrid hat das als Kind auch erlebt und erzählte von schlechtem Essen mit Maden und Glasscherben drin. Essen, das man trotzdem aß, weil der Hunger größer war als der Ekel.

Mutti erzählte, dass sie vor allem eins im Bombenkeller immer getröstet hat. Wenn mein Großvater Max Beckmann bei ihnen war in seiner Bahnpolizisten-Uniform. Dann, sagte sie, habe sie nie Angst gehabt. Ein Erlebnis aber würde sie nie vergessen: Das war der Tag im Jahre 1943, an dem ihr Vater ihre zehn Jahre ältere Schwester Ulla nach Hause brachte. Ulla und Inge waren Ende der dreißiger Jahre im Nazi-

Deutschland tagsüber selten zu Hause, sondern irgendwo zum Arbeitsdienst eingeteilt. Und als Max Beckmann damals Ulla nach Hause brachte, hatte Traute ihre eigene Schwester nicht erkannt. Stunden zuvor war in der Nähe von Kiel ein Zug von einer Bombe getroffen und schwer beschädigt worden. Max Beckmann wurde mit seinem Dienst-PKW zur Unglücksstelle geschickt, um mit anderen Helfern leicht Verletzte in ein Krankenhaus zu bringen. Die Krankenwagen, die sich um die schwereren Fälle kümmerten, sollten so entlastet werden. Und als Max Beckmann an den Verletzten vorbeiging, die außerhalb des Zuges kauerten, hörte er plötzlich eine Stimme, die er gut kannte: »Papa!«

Es war die Stimme seiner Tochter Ulla, die – was er nicht gewusst hatte – in genau diesem Zug gesessen hatte. Er war an seiner eigenen Tochter vorbeigegangen, die er nicht erkannt hatte, weil ihr Gesicht bis auf die Augen und den Mund komplett bandagiert war. Glassplitter hatten sie im Gesicht und an der Schulter verletzt, als sie durch die Wucht der Detonation aus dem Zug geschleudert worden war. Opa verfrachtete seine Tochter mit drei anderen Verletzten in sein Auto und brachte sie ins Kieler Universitätskrankenhaus. Dort aber trafen beide auf die anderen, teils viel schwerer Verletzten. Menschen, die halbtot waren und Gliedmaßen verloren hatten. Ulla war davon so geschockt, dass mein Vater beschloss, seine Tochter mit nach Hause zu nehmen. Und als er mit ihr in der Wohnungstür stand, erkannten seine Frau und seine Tochter Traute ihre Tochter und Schwester ebenfalls nicht. Der Schock war natürlich groß. Alma Beckmann wurde ohnmächtig, als sie realisierte, dass die bandagierte Fremde in dem viel zu großen, weißen Männerhemd ihre Tochter war. Ihre blutverschmierte Kleidung hielt Max als Bündel in der Hand. Ulla wurde vom Hausarzt der Familie betreut und wieder aufgepäppelt. Noch zwanzig Jahre später, erzählte Mutti, seien manchmal Glassplitter aus Ullas Kopf gewachsen.

Der Zweite Weltkrieg war das prägende Erlebnis der Kindheitsjahre meiner Mutter. An das Kriegsende erinnerte sie sich noch gut. Das Marineoberkommando Ostsee hatte beschlossen, Kiel nicht zu verteidigen. Mein Opa Max hatte das erfahren. Alle stellten sich also auf eine kampflose Übergabe der Stadt an die Engländer ein. Doch am 3. Mai 1945 hörte man den ganzen Tag über Schüsse und gewaltige Detonationen. Mutti und ihre Familie dachten, dass nun doch die Entscheidungsschlacht um Kiel im Gange war. Aber in Wirklichkeit vernichtete man auf Befehl sämtliche Munition und Geschütze in der Stadt und sprengte sogar die großen Kriegsschiffe im Hafen, damit sie den Engländern nicht in die Hände fielen.

Der Krieg aber war für Kiel und seine Bewohner nun endgültig vorbei. Über 500 000 Brandbomben waren auf die Stadt gefallen, die nun von fünf Millionen Kubikmetern Schutt bedeckt war. Fünfundsiebzig Prozent aller Gebäude waren zerstört oder beschädigt. Achttausend Bewohner waren tot oder verletzt, über hunderttausend obdachlos. Aber die Familie meiner Mutter war am Leben, und sie hatten weiterhin ein Dach über dem Kopf. Sie hatten einfach Glück gehabt.

Es waren gute Gespräche in Muttis Wohnzimmer. Dieses Buch hier war eine neue Verbindung zwischen uns. Ich merkte, wie gut es ihr tat, über damals zu reden, und wie sehr die Kriegserlebnisse ihre Generation geprägt hatten.


Wir sprachen auch über meinen Vater und die verpasste Chance, ihr Leben entscheidend zu ändern. Denn in den siebziger Jahren wurde mein Vater mit einem Vorauskommando nach Kanada geschickt, um dort ein großes NATO-Manöver mit vorzubereiten, an dem auch sein Bataillon beteiligt war. Er und ein paar Kameraden organisierten alles Nötige im Bundesstaat Manitoba. Es war Papas erste Reise ins Ausland und auch seine erste Flugreise. Mit leuchtenden Augen erzählte er später von Kanada, seinen Wanderungen und den Besuchen der Indianerreservate.

Es gibt ein Foto von ihm, auf dem er vor einer Block-
hütte sitzt, mit einem Cowboyhut auf dem Kopf und
einem Glas *Jim-Beam*-Whisky in der Hand. Er sah
aus wie ein Westernheld. Ich glaube, dass Gerhard
Schlenz nie glücklicher war als da oben in Kanada.
Nach dem Einsatz gab es das Angebot an meinen Vater, im Rahmen eines Truppenaustausches für einige
Jahre mit der Familie dort fest hinzugehen. Meine Eltern spielten ernsthaft mit dem Gedanken. Sie ahnten,
dass sich hier die Chance bot, in einem geordneten
Rahmen vielleicht zum letzten Mal in ihrem Leben ein
Abenteuer zu erleben. Entscheidend war dann, dass
Gerald und ich nicht mit wollten. Wir waren damals
achtzehn und fünfzehn Jahre alt und konnten uns nicht
vorstellen, unsere Heimat und unsere Freunde zu verlassen. Wir erinnerten uns noch zu gut an die vielen
schmerzlichen Umzüge und die großen Umstellungen,
denen wir als Soldatenkinder ausgesetzt waren. Kurz
wurde diskutiert, ob wir allein zurückblieben, aber
letztendlich haben meine Eltern den Schritt nicht ge-
wagt. Ich glaube, sie haben eine Chance verpasst.
Es war eine Tür hinein in ein anderes Leben, durch
die sie dann doch nicht hindurchgehen wollten. Also
lebten sie ihr gewohntes Dasein weiter. Viele Jahre
gemeinsam, bis mein Vater starb und meine Mutter
allein zurückblieb. Und jetzt stand sie erneut an einer Wegscheide.

# Drei tapfere Frauen beim Onkologen

VOR EIN PAAR WOCHEN hatten wir den vorläufig letzten Termin beim Onkologen. Es sollte besprochen werden, wie es nach der erfolgreichen Operation nun konkret weitergehen sollte. Mutti war entschieden fitter als bei unserer letzten Fahrt. Ich erzählte ihr von dem großen Unfall, den Rettungswagen und dem Polizeihubschrauber, den sie gar nicht wahrgenommen hatte. »Junge, du tüddelst«, sagte sie. »Das kann ja nun nicht sein, dass ich so was Dolles nicht mitkriege.«

Schließlich erreichten wir die Praxis des Onkologen. Im Wartezimmer saßen noch zwei ältere Frauen. Ein kurzes »Guten Morgen«, und wir setzten uns. Mutti war nun auch sehr still. Wir beide sahen uns etwas verstohlen im Raum um. Bei einer der Frauen wuchsen gerade wieder die ersten Haare nach. Klarer Fall: Chemotherapie. Die andere Dame hatte noch volles Haar, sah aber etwas blass aus. Sie blickte die ganze Zeit still aus dem Fenster. Ich fragte mich, was wohl in den Köpfen der beiden Patientinnen vorging. Wie fühlte man sich im Wartezimmer eines Onkologen? Wir alle schwiegen. Wieder versuchte ich krampfhaft, nicht die zahlreichen Krebs-broschüren anzuschauen, die überall in den Rega-len liegen. Mittlerweile war ich schon so hysterisch geworden, dass ich mich wegen etwas Bauchgrum-meln und Magendrücken schon selber zu Magen- und Darmspiegelungen angemeldet hatte. Mit der Ergebnis, dass ich nun Angst vor diesen beiden Un-tersuchungen hatte. Zudem hatte ich direkt nach der Vereinbarung des Termins keine der eben noch be-schriebenen Symptome mehr. Aber ich kannte mich: Sobald ich den Termin abgesagt hätte, würden die Beschwerden wieder auftauchen. Es war ein perfek-tes Perpetuum mobile der Sorgen, ein sich selbst am Leben haltendes geschlossenes Grübel-System.

Mutti wühlte mittlerweile versonnen in ihrer Hand-tasche und hatte schließlich ihre Sonnenbrille in der Hand. »Ist ja so hell hier«, murmelte sie. »Da kann ich ja noch schlechter sehen.«

Wieder legte sich Schweigen über den Raum. Mut-ti konnte das nicht gut aushalten. Also erzählte sie mir, dass sie gestern eine populäre Arztserie im Fern-sehen gesehen hatte und einen der Ärzte besonders fies fand, weil der einer Frau einfach so gesagt hatte, dass sie sterben werde. Die beiden Frauen im Raum merkten auf. Beide hatten die Folge offenbar auch gesehen.

»Ja«, sagte die eine, »unmöglich war das. Das

habe ich auch gesehen. So geht das ja nicht. Das war ja ganz herzlos.«

Die andere Dame nickte. Sie war offenbar auch eine Kennerin der Serie und schaltete sich nun ins Gespräch ein: »Und was die da bei der alles machen wollen. Der ganze Magen soll raus. Die arme Frau.«

Alle drei schüttelten den Kopf. Und nun entwickelte sich ein reges Gespräch über die Leidensgeschichten in einer TV-Arztserie. Eine irgendwie skurrile Situation. Drei an Krebs erkrankte Frauen saßen in einer onkologischen Praxis und sprachen über fiktive Krebspatienten. Aber das Reden über die TV-Serie war offenbar eine Art Gesprächskatalysator, eine Brücke für die drei, um nun auch über ihr eigenes Leiden zu reden. Das schien eben während des bleiernen Schweigens im Raum noch unmöglich zu sein. Jede der drei war da noch in ihrem eigenen Leidens-Universum gewesen. Aber nachdem das Schicksal der Schauspielerin abgearbeitet war, fragte meine Mutter die eine Frau einfach: »Und warum sind Sie hier?«

»Ach, das ist schon meine zweite Runde Chemotherapie«, lautete die Antwort. »Erst hatte ich die eine Krankheit und jetzt die andere.«

Und dann zeigte sie auf ihre Brust und den Unterleib.

Beide blickten nun zur dritten Frau im Raum. »Brustkrebs«, antwortete die und erzählte, wie es ihr bisher

215

ergangen war. Und nun gab es kein Halten mehr. Alle drei tauschten ihre Erfahrungen aus, diskutierten die Vor- und Nachteile von Bestrahlungen und Chemotherapie, tauschten sich über die Abrechnung von Taxifahrten und Kassenleistungen aus. Alle drei wirkten dabei sonderbar gefestigt, irgendwie pragmatisch, als ob es darum ginge, die Krankheiten einfach irgendwie zu managen.

»Ich mache immer noch alles selber«, sagte die eine Dame. »Und ich blicke nicht zurück. Das hat ja keinen Sinn. Ich gucke nur nach vorn und freue mich jeden Tag, den ich habe und an dem es mir nicht schlecht geht.«

Mutti und die andere Frau nickten.

Ich fühlte mich in dieser Situation mit meinen schlichten Alltagssorgen auf einmal sonderbar beschämt. Diese drei Frauen hier kämpften um ihr Leben. Und sie taten es mit großer Kraft und Würde.

Dann wurden meine Mutter und ich ins Behandlungszimmer gerufen. Dr. Merz sprach von einer »super Ausgangssituation« nach der OP und erklärte noch einmal detailliert, dass nicht alle befallenen Stellen bei der Operation entfernt werden konnten, weil sie zu dicht am Rippenfell lagen. Deshalb müsste unsere Mutter nun noch eine Zeitlang Hormontabletten nehmen und vor allem etwa zwanzig Bestrahlungen über sich ergehen lassen. Aber die seien allgemein recht gut verträglich, und er sei zuversichtlich, dass man damit alles in den Griff kriegen würde.

Mutti nickte nur dazu. Sie war mit allem einverstanden und vertraute diesem Arzt vollkommen. Wir drei gingen raus zum Tresen, um die nötigen Rezepte in Empfang zu nehmen und – das war Mutti natürlich wieder am wichtigsten – die Krankentransporte zu organisieren.

Mutti lehnte dabei entspannt auf ihrem Rollator und war bestens gelaunt. Alles drehte sich um sie. Das gefiel ihr. Versonnen blickte sie den Onkologen an, einen großen, attraktiven Mann mit vollem Haupthaar.

»Kann ich Ihre Haare haben?«, fragte sie unvermittelt. »Meine sind ja nicht mehr so doll. Und die letzten fallen dann ja wohl aus, wenn die mich bestrahlen. Ich mag Ihre Haare nämlich.«

Dr. Merz lachte und antwortete: »Ich auch, liebe Frau Schlenz. Und deshalb behalte ich die. Da ist nix zu machen.«

Jetzt verstand ich, warum meine Mutter in dieser Praxis so beliebt war. Sie brachte ein bisschen Stimmung in diese triste Umgebung.

Es muss hier der Vollständigkeit halber noch erwähnt werden, dass es mit der Verordnung für den Krankentransport zur Bestrahlungspraxis *nicht* geklappt hat. Wir hatten zwar ein entsprechendes Rezept mitbekommen, allerdings hatte uns niemand gesagt, dass wir das noch bei der Krankenkasse zum Abstempeln vorlegen mussten. So saß meine Mutter Tage später im Taxi, und der Fahrer akzeptierte das Formular natürlich nicht. Ungestempelt konnte er es ja nicht abrechnen. So musste Mutti insgesamt siebzig Euro bezahlen und sich die später mit unserer Hilfe von der Krankenkasse dann nach einigem Hin und Her wiederholen.

Wenn ich sah, wie sehr unsere Mutter das Thema »Transport« beschäftigte, war es schon ärgerlich, dass das in so vielen Arztpraxen irgendwie nicht so richtig klappte. Es nahm anscheinend einfach keiner richtig ernst. Dabei haben alte Leute vor kaum etwas mehr Angst, als irgendwo zu stranden, nicht rechtzeitig anzukommen oder irgendwo in Ungewissheit warten zu müssen. Also, liebe Ärzte und liebes Praxispersonal: Nehmt das ernst mit den Krankentransporten. Was für uns Gesunde, Jüngere lediglich eine geplante Fahrt mit dem Taxi ist, kommt alten, kranken Leuten so vor wie der Kampf um einen der letzten Plätze in einem Flugzeug, das aus einer Stadt losfliegen will, die gerade vom Islamischen Staat überrannt wird.

# »Kobold«-Bestrahlungen und wieder zu Hause

DIE AMBULANTEN BESTRAHLUNGEN began-
nen. Mutti fuhr allein mit einem Taxi hin und wieder zurück, das nun auch ordnungsgemäß die Krankenkasse bezahlte. Sie war danach immer etwas
schlapp, hielt sich aber gut. Ich fand es auch okay,
dass sie die Kobaltbestrahlungen ihrer Wunde »Ko-
bold-Bestrahlungen« nannte. Das passte irgendwie
viel besser zu Mutti und ihrer beinahe wieder vollständig hergestellten Raubeinigkeit.

Bald werden auch die Bestrahlungen geschafft
sein. Mutti hat eine zweite Chance bekommen.

Vor ein paar Wochen haben Mutti, Gerald und ich
uns zusammen eine Wohnung in einem Heim angesehen, in dem die Mieter in kleinen Appartements
selbstständig leben. Sie können sich dort in einer kleinen Küche ihr Essen selbst machen oder aber nach
vorheriger Anmeldung das Angebot einer Kantine
annehmen und runter in einen Essensaal gehen. Außerdem gibt es in dem Wohnkomplex einen Pflegedienst, dessen Leistungen man je nach Bedarf hinzu-
buchen kann. Gerald hatte die Idee, sich das mal mit

Mutti vorsorglich anzusehen. Schließlich wissen wir ja nicht, wie lange Traute noch in ihrer Wohnung allein zurechtkommen würde. Mutti hatte aber keine Lust auf die Besichtigung. »Bleibt mir weg mit dem Mist«, protestierte sie. Sie habe von Heimen »endgültig die Schnauze voll«. Als sie erfuhr, dass die Wartezeit für die Appartements ohnehin mindestens ein Jahr beträgt, willigte sie schließlich mürrisch ein, sich das Wohnheim wenigstens mal anzusehen. Denn das hieß ja, dass sie mindestens noch ein Jahr in ihrer eigenen Wohnung würde wohnen können.

Also fuhren wir hin. Eine freundliche Dame erklärte uns das Konzept, und Mutti ließ sich ganz begeistert auf die Warteliste setzen. Denn die kleinen Wohnungen mit Kochnische und Balkon gefielen ihr sofort gut. Und alle Gänge im Gebäude waren sozusagen Rollatoren-Autobahnen. Es herrschte reger Verkehr. Mutti schien nicht mehr abgeneigt, womöglich mal dort einzuziehen.

Nun war fast alles geregelt. Im Grunde konnte Mutti wieder an die Zeit kurz vor ihrem achtzigsten Geburtstag anknüpfen. Sie hatte eine Operation überstanden, eine Chemotherapie hinter sich gebracht, Stürze überlebt und sich vom Pflegefall wieder zu einer selbstständigen Person hochgearbeitet. Sie hat viel durchgemacht. Wir alle haben viel durchgemacht. Aber wir haben es zusammen irgendwie geschafft.

Jetzt, wo ich die letzten Zeilen dieses Buches schreibe, kann ich sagen: Mutti geht es heute insgesamt nicht schlecht. Sie ist zwar deutlich klappriger als vor einem Jahr und geht ohne »Porücke« durchs Leben, aber sie ist im Rahmen ihrer Möglichkeiten wieder aktiv, fährt mit ihrem Rollator durch die Wohnung und macht sich selber ihr Frühstück und ihr Abendbrot. Ihre Freundin Margot kommt regelmäßig zum Kaffee und bringt Kuchen mit. Gerald und ich fahren oft zu ihr. Neulich konnte ich sie sogar schon mal zu einem kleinen Spaziergang überreden. Vor ein paar Tagen hat sie immerhin mal allein ihren Müll runtergebracht, und kürzlich ist sie zu unser aller Überraschung mal allein zum Einkaufen gegangen. Ihre Begründung: »Die Deppen vom Supermarkt packen mir immer das Falsche ein, wenn ich da was bestelle und mir schicken lasse. Davon hatte ich gestern die Schnauze voll!« Also nahm sie ihren Rollator, kämpfte sich bis zum Supermarkt und kaufte selber ein. Es hat sie aber ziemlich angestrengt und soll – so betont sie – erst mal eine Ausnahme bleiben.

Ich schätze aber, dass sie bald noch mal einen Einkaufsversuch starten wird. Denn sie liebt die kleinen Smalltalks auf dem Markt und im Lebensmittelladen. Und sie wird dort meist sehr nett empfangen. Die Leute wissen: Mutti ist immer für einen Schnack oder einen derben Spruch gut. Ihr Lieblingswitz im Zusammenhang mit dem Thema Einkaufen ist übrigens folgender: Kommt eine Frau zum Schlachter und sagt: »Guten Tag, ich hätte gern Leberwurst. Aber von der groben, fetten.« Da antwortet der Schlachter: »Tut mir leid, die ist heute in der Berufsschule.«

Der Witz könnte echt von unserer Mutter sein!

Leider sieht Traute zunehmend schlechter. Die Makula-Degeneration macht ihr schwer zu schaffen. Medizinisch ist da nichts zu machen. Ihre Sehkraft schwindet irreversibel. Das wird langsam zu ihrem größten Problem. Aber noch geht es. Mit Lupen kann Mutti immerhin noch lesen, und Fernsehen geht irgendwie auch noch. Aber wie lange noch? Wir werden sehen.

In Muttis Leben ist jetzt immer weniger los. Aber sie ist wieder zuhause. Und sie bestimmt wieder über sich selbst. Am schlimmsten, sagt sie, sei im Pflegeheim der Verlust der Eigenständigkeit und Selbstbestimmung gewesen. »Dauernd latschten Leute in mein Zimmer, ohne zu klopfen. Das habe ich gehasst«, sagt sie. »Und dann die ganzen Beknackten!«

Sie vergisst dabei, wie wichtig und richtig das Heim für ihre Genesung war, aber irgendwie ist das ja heute auch egal. Übertriebene Einsicht ist nie Muttis Kernkompetenz gewesen. Mal sehen, was jetzt noch passiert in ihrem Leben. Zu meiner Verwunderung zitierte sie neulich am Telefon Goethes »Faust«. Ihr Motto in der zweiten Lebenshälfte sei immer gewesen: »Ich bin zu alt, um nur zu spielen, zu jung, um ohne Wunsch zu sein.« Und so wolle sie es auch bis zum Ende halten. Sie hätte ja mittlerweile auch nur noch kleine Wünsche.

Wir hoffen also, dass Traute Schlenz, geborene Beckmann, noch lange in ihrer Wohnung bleiben und selbstbestimmt leben kann. In ihrer kleinen Höhle, wo sie Radio hören, auf ihre spezielle, teils dadaistische Weise telefonieren und mit Inbrunst über das »beknackte« TV-Programm schimpfen kann.

»Heute Abend«, erzählte sie mir gestern, »gucke ich eine Talkshow. Da ist so ein Kabarettist zu Gast, den ich mag. Aber eines sag ich dir, mein Junge. In diesen Talkshows war früher echt mehr los. Ich weiß noch, wie da in den Siebzigern einer von einer linken Rockband mal mit einer Axt einen Tisch zerkloppt hat.«

Das hatte Papa und ihr sehr gefallen.

Da war wenigstens mal richtig was los!